Alfred Meistermann

Tragsysteme

BAS

Alfred Meistermann

Tragsysteme

BIRKHÄUSER
BASEL

Inhalt

Vorwort

Für das Entwerfen und Konstruieren eines Gebäudes ist es notwendig, zu verstehen, wie seine strukturellen Eigenschaften aufgebaut sind. Tragende Bauteile können als prägende Elemente entwurfsbestimmend sein oder lediglich eine nicht sichtbare Unterkonstruktion bilden – immer basiert ein Gebäude auf seiner Tragstruktur. Sie verbindet es, führt Lasten in den Baugrund ab und sorgt für seine Stabilität. Dabei ist ein Verständnis für die tragkonstruktiven Zusammenhänge, für strukturelle Prinzipien und für die spezifischen Eigenschaften einzelner Tragsysteme grundlegend, um sie im Entwurfsprozess sinnvoll einzusetzen und eine material- und konstruktionsgerechte Lösung zu entwickeln.

Gerade zu Beginn des Studiums ist es aufgrund der vielfältigen neuen Aufgaben oft schwierig, sich in die komplexe Statik und Tragwerkslehre mit nicht immer einfach begreiflichen Verkettungen einzuarbeiten. Der Band *Basics Tragsysteme* schlägt dabei eine Brücke zwischen den Bereichen Architektur und Bauingenieurwesen und erklärt die Grundprinzipien der Tragwerkslehre auf einfache, verständliche und chronologische Weise.

Der Schwerpunkt dieses Buches besteht nicht im Erklären von Berechnungsmethoden (obwohl auf Mathematik nicht ganz verzichtet werden kann), sondern im anschaulichen Verstehen der konstruktiven Zusammenhänge. Um ein breites Verständnis zu schaffen, erklärt der Autor zunächst anhand von Beispielen und einfachen Zusammenhängen die in einem Gebäude auftretenden Lasten und Kräfte, die für die Tragfähigkeit von Bauteilen verantwortlich sind. Dies geschieht anhand der Arbeitsschritte einer statischen Berechnung. Parallel dazu werden die Begriffe des jeweiligen Themenbereichs definiert. Daraufhin erläutert er typische, tragkonstruktive Bauteile und erklärt ihre Form in Abhängigkeit zu den wirkenden Kräften. Im letzten Kapitel werden Tragsysteme und -strukturen für die unterschiedlichen Gebäudearten aufgezeigt, mit denen Planer ihre Entwürfe gestalten können. Das hier vermittelte, kompakte Wissen ermöglicht es Studenten, integrativ mit Tragwerken zu arbeiten und kreativ mit ihnen zu gestalten.

Bert Bielefeld, Herausgeber

Lasten und Kräfte

TRAGWERKE UND STATIK

Über den Zusammenhang von Entwerfen und Konstruieren lässt sich vielfältig philosophieren. Man kann dabei sehr unterschiedliche Positionen beziehen, sie bleiben aber immer zwei Seiten derselben Medaille. Räume entwerfen heißt Räume definieren, und dies geschieht durch Strukturen, die konstruiert werden müssen. Deswegen gehört das Wissen über Konstruktionen zu den Grundkenntnissen des Architekten. In den seltensten Fällen wird der Architekt selbst die Standsicherheit von Konstruktionen nachweisen. Er sollte jedoch in der Lage sein, Bauteile in frühen Entwurfsschritten richtig auszuwählen und ihre notwendigen Dimensionen realistisch zu schätzen. Im darauf folgenden Schritt wird in der Regel das Tragwerk in Zusammenarbeit mit einem Tragwerksplaner entwickelt. Um kompetent mit ihm zusammenarbeiten zu können, ist grundlegendes Wissen über Tragsysteme, Konstruktionen, deren Vor- und Nachteile und die dabei wirkenden Kräfte wichtig. Diese unterschiedlichen Kräfte erscheinen zunächst komplex, doch sie hängen auf logische Weise zusammen.

Ihre Zusammenhänge lassen sich am einfachsten in der Reihenfolge erklären, in der sie für eine statische Berechnung ermittelt werden. Eine solche Berechnung umfasst im Allgemeinen folgende Arbeitsschritte:

- Analyse der Gesamtkonstruktion und der Funktion der einzelnen Bauteile in dieser Konstruktion - Statisches System
- Ermittlung aller Kräfte, die die Bauteile belasten - Lastannahmen
- Berechnung der Kräfte, die auf ein spezielles Bauteil einwirken, und der Kräfte, die es selbst wiederum an andere weitergibt - Berechnung der äußeren Kräfte
- Berechnung der Kräfte, die im Bauteil selbst entstehen - Ermittlung der inneren Kräfte bzw. Schnittkräfte
- Ermittlung der Stabilität des geplanten Bauteils
- Nachweis, dass das geplante Bauteil den ermittelten Kräften standhält

KRÄFTE

Kräfte sind definiert als Masse mal Beschleunigung.

$F = m \cdot a$

Die Einheit, in der Kraft gemessen wird, heißt Newton; ein Newton entspricht ungefähr dem Gewicht von 100 Gramm. Im Bauwesen wird die Einheit Newton durch Kilonewton und Meganewton ergänzt.

Newton

Eine Kraft wird durch ihre Größe und Richtung bestimmt. Sie wirkt linear, und dies wird durch ihre Wirkungslinie und ihre Richtung auf der Wirkungslinie ausgedrückt. > Abb. 1

Kilonewton:
1 kN = 1 000 N,
Meganewton:
1 MN = 1 000 000 N

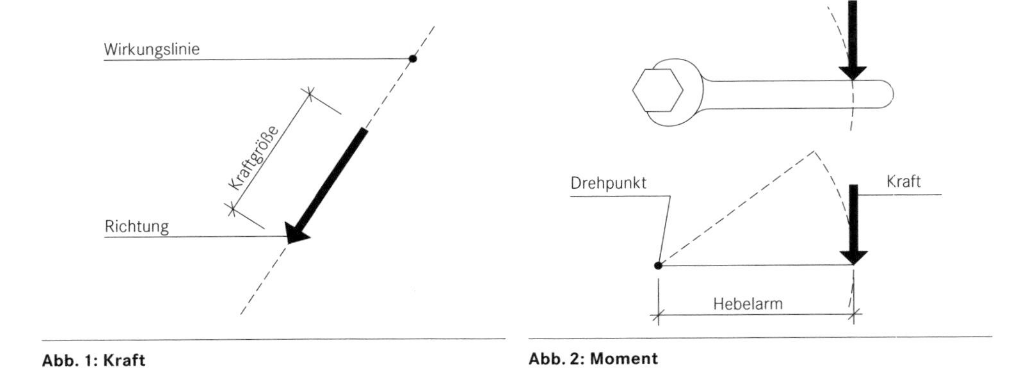

Abb. 1: Kraft

Abb. 2: Moment

Momente

Kräfte können außerdem auch kreisförmig um einen Punkt herum wirken. Sie werden dann als Drehmomente oder einfach als Momente bezeichnet und sind definiert durch ihre Größe multipliziert mit ihrem Abstand zum Drehpunkt (Hebelarm).

Ein einfaches Beispiel für eine Drehkraft ist das Anziehen einer Schraube mit Hilfe eines Schraubenschlüssels. Dabei wird auch der Zusammenhang von Kraftgröße und Hebelarm deutlich. Je länger der Hebelarm, desto größer das Drehmoment. > Abb. 2

Aktion = Reaktion

Die Statik beschreibt die Kraftverteilung in einem ruhenden System. Bauwerke oder Teile davon befinden sich normalerweise in Ruhe, und in unbewegten Gegenständen gleichen sich alle wirkenden Kräfte aus. Dies lässt sich im Gesetz „Aktion = Reaktion" zusammenfassen. Bei statischen Berechnungen wird es als Ausgangspunkt benutzt, indem als Voraussetzung formuliert wird, dass die Summe aller Kräfte in einer Richtung und ihrer Gegenrichtung gleich Null ist. Wenn die Aktion bekannt ist, kann daraus also direkt die Reaktion ermittelt werden. Mit welchen Methoden dies für Tragwerke möglich ist, wird im Kapitel Auflagerkräfte erläutert.

STATISCHES SYSTEM

Zunächst macht sich der Tragwerksplaner die Zusammenhänge der Konstruktion im statischen System klar. Ein statisches System ist ein abstraktes Modell der realen, komplexen Konstruktion der Bauwerksteile. Dabei werden Stützen, auch wenn sie einen großen Querschnitt haben, als Linien betrachtet und ihre Last als punktförmig angenommen. Wände werden als Scheiben dargestellt und ihre Lasten linienförmig angesetzt. Als zusätzliche Information ist in statischen Systemen eingetragen, wie die Bauteile verbunden sind bzw. wie sie ihre Kräfte aneinander abgeben. Dies ist für ihre Berechnung von entscheidender Bedeutung. Die Sym-

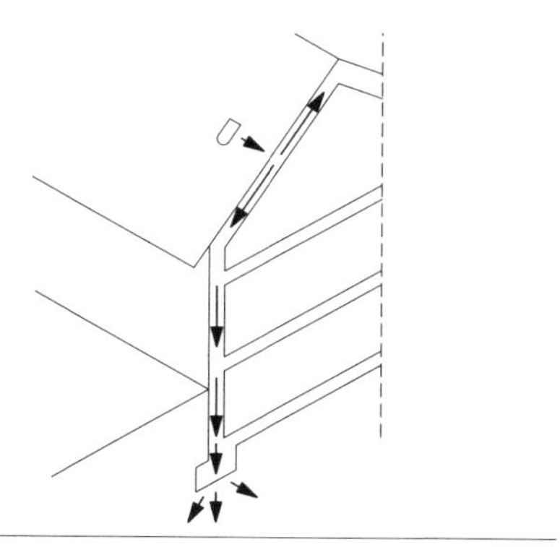

Abb. 3: Lastweg

bole statischer Systeme werden im Kapitel Auflager erläutert > Abb. 8, Seite 16 und im Weiteren verwendet.

Positionen

Lastweg

Im nächsten Arbeitsschritt werden alle Bauteile der Reihe nach als Positionen benannt und mit Nummern versehen. Dabei ist auch zu klären, welche Bauteile welche anderen belasten. Die Dachziegel beispielsweise liegen nicht nur auf der Dachkonstruktion, sondern beeinflussen auch die Wände bis hinunter zum Fundament. Welche Bauteile dabei die verschiedenen Lasten aus den oberen Geschossen aufnehmen, muss genau untersucht werden. > Abb. 3 ■

ÄUSSERE KRÄFTE

Betrachtet man ein Bauteil wie beispielsweise einen Dachbalken, so unterscheidet man zwischen zwei Arten von Kräften. Da sind zunächst die Kräfte, die die auf ihm liegende Dachkonstruktion auf den Balken ausübt, und solche, die er selbst wieder an das Mauerwerk, auf dem er liegt,

■ **Tipp:** Für eine gute Zusammenarbeit mit Tragwerksplanern ist es wichtig, ihren Teil der Arbeit an einem Projekt zu kennen und ihre Arbeitsweise und Ziele zu verstehen. Dazu sollte man sich einmal ihre Berechnungen, Positions- und Ausführungspläne anschauen und sie mit den Unterlagen des Architekten vergleichen.
Nachdem der Tragwerksplaner die Konstruktion mit dem Architekten in der Vorentwurfsphase erarbeitet hat, liegt für ihn der Schwerpunkt der Arbeit im Aufstellen der Statik zur Baugenehmigung und später im Zeichnen der Pläne für den Rohbau. Dabei interessieren ihn vor allem die tragenden Teile eines Bauwerks. Die nichttragenden Elemente, beispielsweise auch nichttragende Wände, interessieren ihn nur als Lasten und sind in seinen Plänen oft nicht einmal eingezeichnet.

weitergibt. Lässt man sein Eigengewicht außer Acht, ist bei dieser Betrachtung zunächst egal, ob der Balken dick oder dünn, schwach oder tragfähig gestaltet ist, denn es handelt sich hierbei um die äußeren Kräfte, die den Balken selbst noch gar nicht mit einbeziehen.

Die äußeren Kräfte müssen von den inneren Kräften unterschieden werden, die im Balken selbst entstehen. Wie groß ist beispielsweise die Biegekraft im Dachbalken, die aufgrund der auf ihm liegenden Dachkonstruktion entsteht? Dieses Biegemoment ist eine der inneren Kräfte, die im entsprechend betitelten Kapitel erklärt werden.

Einwirkungen

Lasten

Alles, was Bauteile beeinflussen kann, wird als Einwirkung bezeichnet. Bei den Einwirkungen handelt es sich in der Regel um Kräfte mit unterschiedlichen Ursachen. Kräfte, die Bauteile mechanisch beanspruchen, werden auch Lasten genannt. Lasten beanspruchen Bauteile von außen und sind von den Reaktionskräften, die im Unterkapitel Auflagerkräfte erläutert werden, zu unterscheiden. Lasten werden in verschiedene Kategorien eingeteilt. Entsprechend der Abstraktion des statischen Systems unterscheidet man Punkt-, Strecken- und Flächenlasten. > Abb. 4

Eigenlasten/ Nutzlasten

Außerdem existiert, in Abhängigkeit von der Dauer der Einwirkung, die Einteilung in ständige, veränderliche und außergewöhnliche Einwirkungen. Zu den ständigen Einwirkungen gehören vor allem die Gewichtskräfte der Bauteile, die sogenannten Eigenlasten. Zu den veränderlichen Einwirkungen werden die Nutzlasten, die Wind-, die Schnee- und Eislasten gerechnet. Nutzlasten sind die Lasten, die in genormter Größe für die geplante Nutzung des Bauwerks eingeplant werden müssen. Die wichtigsten sind die lotrechten Nutzlasten, für die die Decken ausgelegt werden müssen. Je nachdem, ob es sich um Wohnräume, Büros, Versammlungsstätten oder anderes handelt, ist ihnen eine entsprechende Nutzlast als Flächenlast zuzuordnen. Außerdem gibt es auch vorwiegend horizontal wirkende Nutzlasten wie Lasten auf Geländer und Brüstungen, Brems-, Beschleunigungs- und Anpralllasten von Fahrzeugen, dynamische Lasten von Maschinen oder Erdbebenlasten. Die Größe dieser Lasten ist in länderspezifischen Normen festgeschrieben, die in den jeweiligen Tabellenwerken zu finden sind. > Anhang, Literatur

Lastannahmen

Vertikallast/ Horizontallast

Nachdem mit Hilfe des statischen Systems die Wirkungsweise der Konstruktion geklärt ist, werden im nächsten Schritt die Einwirkungen ermittelt. Es müssen alle wirkenden Kräfte erkannt, in ihrem Wert festgelegt und aufaddiert werden. Im Allgemeinen werden sie auf einen Meter bzw. Quadratmeter des Bauteils bezogen. Schräg wirkende Lasten werden meist in einen horizontalen und einen vertikal wirkenden Anteil

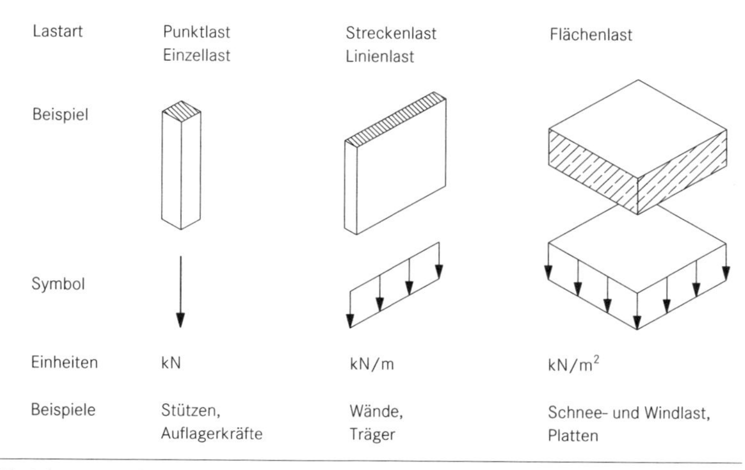

Abb. 4: Lastarten: Punktlast, Streckenlast und Flächenlast

aufgeteilt. Für die weiteren Berechnungen ist es günstig, in Vertikallasten, Horizontallasten und Momente zu unterscheiden. ●

Lasteinzugsfläche

Der Begriff der Lasteinzugsfläche beschreibt die jeweilige Bezugsfläche der Lasten für ein Bauteil. Es ist die Fläche als Teil einer Gesamtfläche, deren Last an ein bestimmtes Bauteil abgegeben wird. Sie richtet sich nach Art und Spannweite der Konstruktion.

Beispiel: > Abb. 5 Die Balken einer Holzbalkendecke liegen in einem Abstand von 80 cm voneinander entfernt. Welcher Teil der Decke belastet nun einen einzelnen Balken? Die Lasteinzugsfläche reicht von der Mitte

● **Wichtig:** Vertikal je Quadratmeter Bauteilfläche wirken: Eigenlasten, Nutzlasten für Decken, Treppen, Balkone
Vertikal je Quadratmeter Grundfläche wirkt: Schneelast
Rechtwinklig zur Bauteilfläche wirkt: Windlast
Im Allgemeinen horizontal wirken: Lasten auf Brüstungen und Geländer, Brems- und Beschleunigungslasten, Anpralllasten von Fahrzeugen, Erdbebenlasten

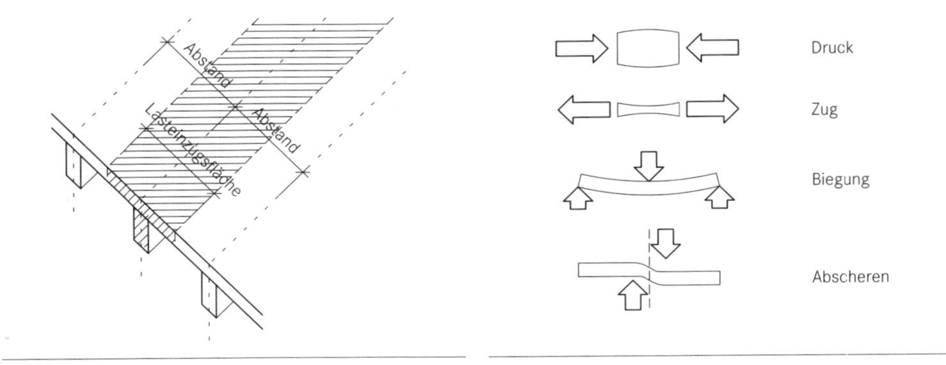

Abb. 5: Lasteinzugsfläche

Abb. 6: Formen der Krafteinwirkung

des Balkenabstands zur linken bis zur Mitte des Abstands zur rechten Seite, zwei mal 40 cm. Insgesamt ist sie also wieder 80 cm breit. Dies ist ein einfaches Beispiel; das Feststellen der Lasteinzugsfläche kann jedoch je nach Bauteil auch komplizierter ausfallen.

Formen der Krafteinwirkung

Bislang wurden die Lasten und ihre Größen betrachtet. Es ist aber auch von großer Bedeutung, wie eine Last, oder allgemeiner: eine Kraft, auf das Bauteil einwirkt. Dabei müssen folgende Einwirkungsformen unterschieden werden:

- Druck: Ein Stein liegt auf dem anderen. Er übt Druck auf den anderen aus.
- Zug: Am Beispiel des Seils, das nur Zugkräfte aufnehmen kann, wird Zugbeanspruchung am einfachsten klar.
- Biegung: Ein Balken wird mit seinen beiden Enden aufgelagert und dann von oben belastet. Er biegt sich durch, das heißt, er wird auf Biegung beansprucht.
- Abscheren: Diese Belastungsart lässt sich damit erklären, wie eine Haushaltsschere Papier belastet, um es zu zertrennen. Zwei Kräfte wirken leicht versetzt gegeneinander quer zum Bauteil. Diese Beanspruchung tritt oft bei Verbindungsmitteln wie Schrauben auf. > Abb. 6

Auflager

Kontaktstellen zwischen Bauteilen, an denen Kräfte übertragen werden, bezeichnet man als Auflager. Ein einfaches Beispiel dafür stellt ein Deckenbalken dar, der auf Mauerwerk aufliegt. Der Balken hat sein Auflager auf der Mauerkrone. Im Bauwesen wird der Begriff des Auflagers

Abb. 7: Auflager Stahlbau

allerdings weiter gefasst und bezeichnet viele unterschiedliche Kontaktstellen zwischen Bauteilen. Man nennt beispielsweise die Befestigung eines Fahnenmastes im Boden oder die Verbindung eines Stahlträgers mit einer Stahlstütze auch Auflager. Sie unterscheiden sich aus tragwerksplanerischer Sicht vor allem darin, welche Kräfte sie übertragen können.

Verschiebliche Auflager

Bei alten Brücken aus Stahl lassen sich die verschiedenen Formen der Auflager gut beobachten. Die großen Brückenträger liegen auf sehr kleinen Punkten oder schmalen Streifen auf. Dadurch können sich die Träger durchbiegen, ohne dass sie von den Auflagern daran gehindert werden. Es handelt sich dabei um gelenkige Auflager. Sie befinden sich auf einer Seite der Brücke, während die auf der anderen in der Regel zusätzlich auf Stahlwalzen aufliegen. Wenn sich die Brückenträger bei Erwärmung ausdehnen, bewegen sich die Auflager auf diesen Walzen, um den Längenunterschied auszugleichen. Solche Auflager können die Vertikalkräfte, die die Brücke belasten, aufnehmen. Horizontal wirkenden Kräften, wie jenen der Bewegungen aus der Temperaturdehnung, setzen sie aber nichts entgegen, und auch die Durchbiegung der Träger behindern sie nicht. Sie heißen deshalb verschiebliche Auflager.

Unverschiebliche, gelenkige Auflager

Die oben erklärten gelenkigen Auflager liegen nicht auf Walzen und können deshalb nicht nur vertikale, sondern auch horizontal wirkende Kräfte übertragen. Sie werden als unverschiebliche, gelenkige Auflager oder einfach als Gelenke bezeichnet.

Einspannung

Wie verhält es sich mit dem oben erwähnten im Boden befestigten Fahnenmast? Seine Verankerung kann vertikale Kräfte und horizontale Kräfte aus dem Mast in den Boden ableiten und darüber hinaus auch das Umkippen des Mastes, also eine Drehbewegung um das Auflager herum, verhindern. Die Bezeichnung für ein solches Auflager ist Einspannung. > Abb. 8

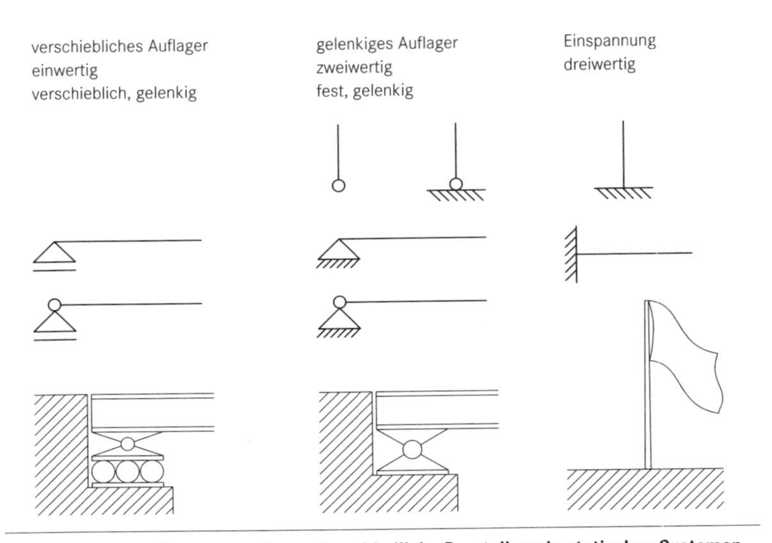

Abb. 8: Die drei Auflagerarten, ihre unterschiedliche Darstellung in statischen Systemen und Beispiele

Es werden demnach drei Formen von Auflagern unterschieden:

- Einwertige Auflager können nur Kräfte aus einer Richtung abtragen. Sie sind verschieblich und gelenkig.
- Zweiwertige Auflager können Kräfte aus mehreren Richtungen aufnehmen. Sie sind unverschieblich und gelenkig.
- Einspannungen sind dreiwertige Auflager und können Kräfte aus unterschiedlichen Richtungen und zusätzlich Momente aufnehmen.

Die richtige Wahl des Auflagers ist für Konstruktionen sehr wichtig und macht deshalb ihre Darstellung in statischen Systemen notwendig.
> Kap. Lasten und Kräfte, Statisches System

Auflagerkräfte

Auflagerreaktion

Angenommen, ein Balken liegt statt auf Mauerwerk auf einer Spiralfeder auf. Durch die Lasten des Balkens wird die Feder zusammengedrückt. Die Spiralfeder erzeugt also die Gegenkraft zu den Lasten des Balkens. Diese Kraft heißt Auflagerreaktion. > Abb. 9 Wenn sich der Balken nicht bewegt, ist die Reaktionskraft der Feder genauso groß wie die Kraft, die der Balken ausübt. Einfach ausgedrückt: Aktion gleich Reaktion. > Abb. 10 Dem Mauerwerk, das normalerweise als Auflager dient, sieht man es zwar nicht an, aber es wird genau wie die Feder zusammengedrückt, um die Auflagerreaktionskraft zu erzeugen.

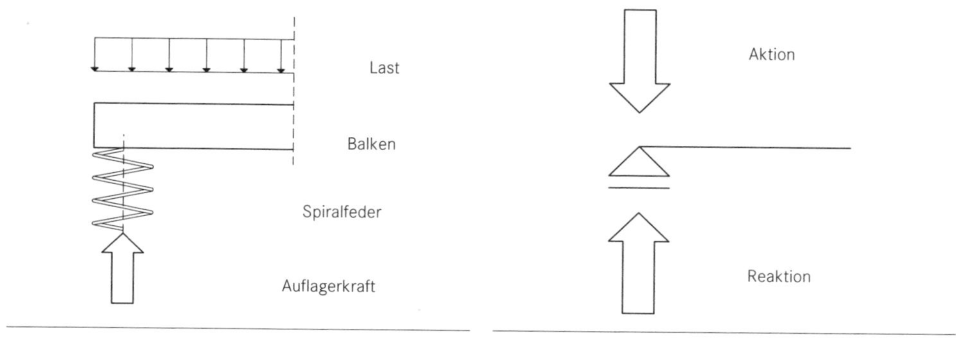

Abb. 9: Auflagerkraft

Abb. 10: Aktion = Reaktion

Gleichgewichtsbedingungen

Für die Berechnung einer Konstruktion ist es notwendig, zu wissen, wie groß die Kräfte sind, die die Auflager jeweils aufbringen müssen, um die darauf liegenden Bauteile zu tragen. Nach der Ermittlung der Lasten erfolgt deshalb immer die Berechnung der Auflagerkräfte. Aufbauend auf dem oben erwähnten Gesetz „Aktion ist gleich Reaktion" kann man für jedes Bauteil drei Thesen aufstellen, die das Errechnen der Auflagerkräfte ermöglichen. Diese drei Sätze stellen das grundlegende Werkzeug für statische Berechnungen dar. Sie heißen auch die drei Gleichgewichtsbedingungen: > Abb. 11

$$\sum V = 0$$

Alle vertikalen Lasten zusammen sind genauso groß wie alle vertikalen Auflagerreaktionen. Dies bedeutet: Die Summe aller Vertikalkräfte ist gleich Null.

$$\sum H = 0$$

Alle horizontalen Lasten sind genauso groß wie alle horizontalen Auflagerreaktionen. Dies bedeutet: Die Summe aller Horizontalkräfte ist gleich Null.

$$\sum MP = 0$$

Wenn man einen Träger an einem Auflagerpunkt P betrachtet, sind alle Kräfte, die rechts um diesen Punkt herum drehen, genauso groß wie

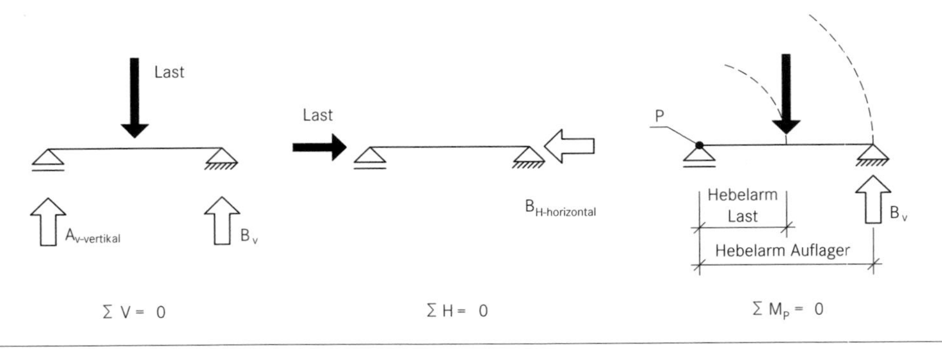

Abb. 11: Gleichgewichtsbedingungen

alle Kräfte, die links herum drehen. Dies bedeutet: Die Summe aller Momente um den angenommenen Punkt ist gleich Null. Dabei ist zu beachten, dass jede Kraft oder Last als Drehkraft um einen festgelegten Punkt betrachtet werden kann, wobei definitionsgemäß gilt, dass Kraftgröße mal Hebelarmlänge die Größe des Moments ergibt. > Kap. Kräfte

Das Bilden der Summe der Momente um ein Auflager ermöglicht erst das Ausrechnen von zwei unterschiedlichen Auflagerkräften. Dadurch, dass der Drehpunkt in einem Auflager liegt, hat dort die Auflagerkraft keinen Hebelarm und wird für diese Gleichung zu Null. Auf diese Weise hat man nur noch eine unbekannte Größe in der Rechnung, nämlich die andere Auflagerkraft, die dann einfach zu ermitteln ist.

Für den in Abbildung 11 gezeigten Träger mit mittiger Einzellast ist die Summe der Momente um den Punkt P also wie folgt:

$$\Sigma \widehat{M_A} = 0 = A_v \cdot 0 + F \cdot l/2 - B_v \cdot l \rightarrow B_v = \frac{F \cdot l}{l \cdot 2} \rightarrow \quad B_v = F/2$$

Beide Auflager tragen die Hälfte der mittigen Einzellast ab. In diesem Fall wäre man auch ohne Berechnung auf das Ergebnis gekommen.

Für alle Berechnungen mit Hilfe der Gleichgewichtsbedingungen muss eine Vorzeichenregel getroffen werden. Vorzeichenregeln sind nicht definiert, deshalb muss die Festlegung jeweils mit einem Pfeil dargestellt werden. Er zeigt die Richtung der Kräfte, die als positiv angenommen werden. In diesem Fall wurde rechtsdrehend als positiv angenommen, linksdrehende Kräfte müssen daher mit negativem Vorzeichen eingesetzt werden.

INNERE KRÄFTE/SCHNITTKRÄFTE

Bislang wurden nur die Kräfte, die ein Bauteil belasten, und die Kräfte, die die Auflager als deren Ausgleich aufbringen, erläutert. Man nennt sie äußere Kräfte, weil das Bauteil selbst dabei noch gar nicht betrachtet

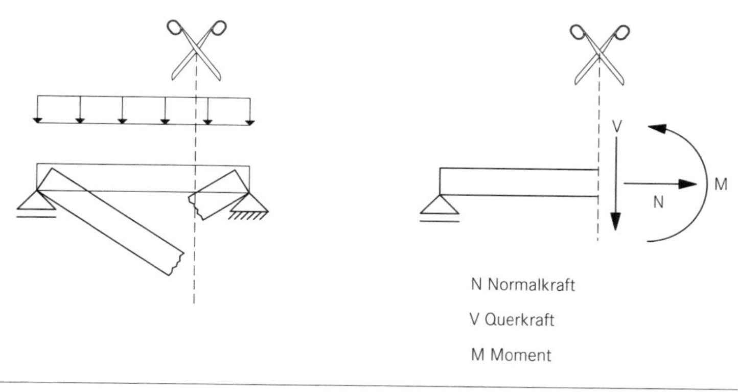

Abb. 12: Schnittkräfte

wurde. Was geht aber im Träger selbst vor, oder, anders gefragt: Welche Kräfte wirken im Stab?

Um das zu verstehen, stellt man sich vor, dass ein Balken auf zwei Auflagern an einer beliebigen Stelle durchgeschnitten wird. Was passiert? Er fällt zusammen und trägt gar nichts, nicht einmal sich selbst. Die entscheidende Frage ist nun, welche Kräfte an dieser Schnittfläche wirken müssen, damit der Träger nicht herunterfällt bzw. welche Kräfte notwendig sind, um das innere Gleichgewicht der Kräfte zu erreichen.

Dabei helfen die oben genannten drei Gleichgewichtsbedingungen, die für die inneren Kräfte genauso wie für die äußeren Kräfte anzuwenden sind. Es wird angenommen, dass die äußeren Kräfte, die von der Schnittebene bis zum Trägerende hin wirken, so groß sein müssen wie die inneren Kräfte, die diesen an der Schnittfläche entgegenwirken. > Abb. 12

Schnittkräfte

Die inneren Kräfte werden wegen dieser Analogie auch Schnittkräfte genannt. Wie die äußeren Kräfte in Vertikalkräfte, Horizontalkräfte und Momente unterschieden werden, so unterscheidet man die inneren Kräfte in Normalkräfte, Querkräfte und Biegemomente, wobei sich deren Richtung jeweils auf das Bauteil selbst bezieht.

Normalkraft

Zugkraft

Die Normalkraft ist die Kraft, die längs bzw. in Richtung eines Bauteils wirkt. Als erstes Beispiel für die Veranschaulichung der Normalkraft soll ein Seil betrachtet werden, das an einem Haken hängt und an das ein Gewichtstück angehängt wird. > Abb. 13 Das Gewicht ist die Last, und der Haken leistet die Auflagerreaktion. Dies wären die äußeren Kräfte. Lassen wir das Eigengewicht des Seils außer Acht, wirkt im Seil an jeder Stelle die gleiche Zugkraft. Dabei ist egal, ob das Seil kurz oder lang ist. Daraus folgend wirkt an jeder Stelle des Seils die gleiche Normalkraft, deren Größe die Gewichtskraft des Gewichtstücks darstellt. Im Kapitel

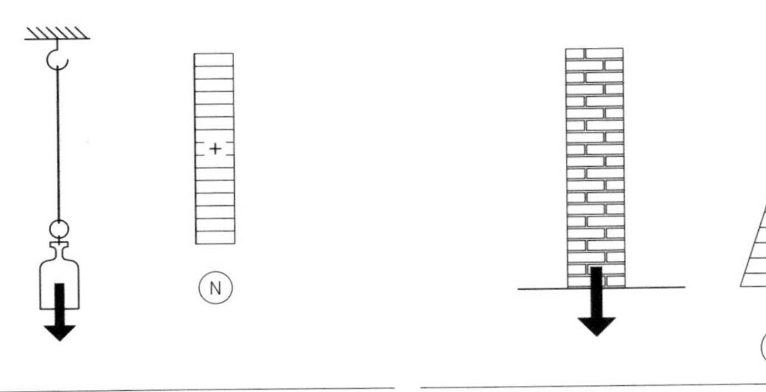

Abb. 13: Normalkraft am Beispiel eines Seils

Abb. 14: Normalkraft am Beispiel eines Mauerwerkspfeilers

Formen der Krafteinwirkung waren zwei Richtungen von Kräften in Längsrichtung erläutert worden: Druck und Zug. Hier handelt es sich um eine Zugkraft.

Druckkraft

Als zweites Beispiel betrachten wir einen frei stehenden Mauerwerkspfeiler. > Abb. 14 Als Last wird nur das Eigengewicht des Pfeilers selbst angenommen, schließlich ist Mauerwerk ein schweres Material. Am Fuß des Pfeilers können wir leicht die Auflagerreaktion des Fundamentes berechnen, die so groß wie das Gesamtgewicht des Pfeilers sein muss. Aber was passiert im Pfeiler selbst? Der oberste Stein wird durch keinen anderen belastet, also gibt es auch keine Normalkraft an dieser Stelle. Der zweitoberste wird durch den obersten belastet. Es gibt an der Stelle des zweitobersten Steines also eine kleine Normalkraft als Druckkraft. Diese Druckkraft wird von Steinlage zu Steinlage bis zum Fundament hin größer. Das heißt, die Normalkraft nimmt vom oberen Ende des Pfeilers bis zu dessen Fundament hin zu. > Kap. Lasten und Kräfte, Kräfte

Ähnlich der Darstellung der Lasten lässt sich auch die Größe der Normalkraft als Diagramm darstellen. Es zeigt sich in den beiden Beispielen ein unterschiedlicher Normalkraftverlauf. In solche Diagramme werden Zugkräfte mit positivem Vorzeichen und Druckkräfte mit negativem Vorzeichen eingetragen. > Abb. 13 und 14

Querkraft

Bei den äußeren Kräften wird zwischen Horizontal- und Vertikalkräften unterschieden. Das gleiche Verhältnis gibt es auch bei den inneren Kräften, nur bezieht sich ihre Richtung jeweils auf die der Systemachse des Stabes. So wie die längs wirkenden Druck- und Zugkräfte als Normalkräfte bezeichnet werden, nennt man alle quer dazu wirkenden Kräfte

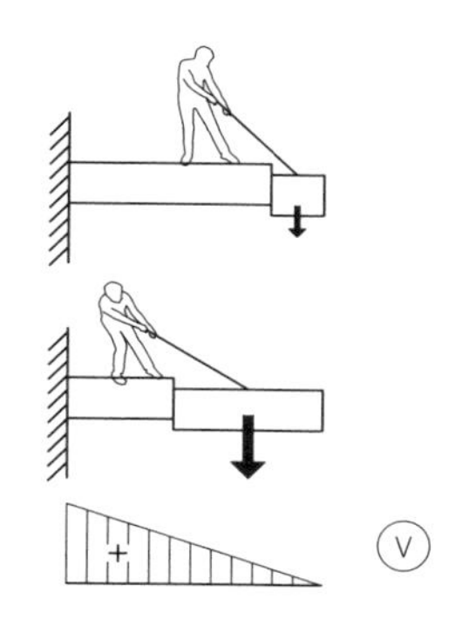

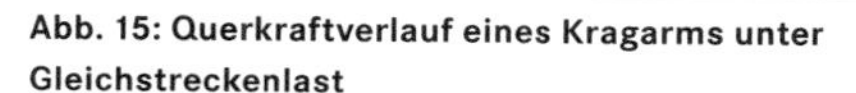

Abb. 15: **Querkraftverlauf eines Kragarms unter Gleichstreckenlast**

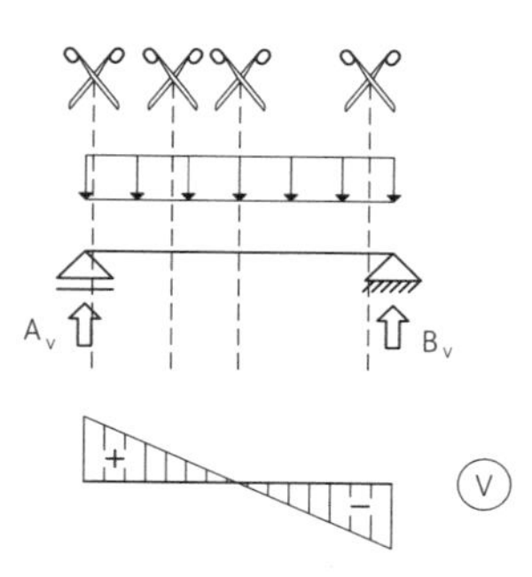

Abb. 16: Querkraftverlauf eines Einfeldträgers unter Gleichstreckenlast

Querkräfte. Sie sind nicht so einfach nachvollziehbar wie die Normalkräfte und dürfen nicht mit der Biegung, die im nächsten Kapitel erläutert wird, verwechselt werden.

Kragarm

Die Wirkung der Querkraft soll zunächst am Beispiel eines Kragarms erläutert werden: Abbildung 15 zeigt einen Träger, der an einer Seite in eine Wand eingespannt ist. Ein solcher Träger wird als Kragarm bezeichnet. Er könnte beispielsweise Teil eines Balkons sein und wird durch sein Eigengewicht als gleichförmige Streckenlast belastet. Wenn man nun diesen Kragträger kurz vor seinem Ende durchschneidet, würde der abgeschnittene Teil wegen dieser Streckenlast herunterfallen. Sie wirkt quer zur Stabachse und ergibt daher die Querkraft. Wird ein längeres Stück abgeschnitten, muss an der Stelle ein größerer Teil der gleichförmigen Streckenlast als Kraft quer zur Stabachse angenommen werden. Die Querkraft ist also an dieser Stelle größer als an der vorherigen. Bei jedem weiteren Schnitt würde die Kraft immer größer werden. Die Querkraft nimmt also von ihrem freien Ende bis zur Einspannung hin zu. In der Einspannung dann muss die Auflagerkraft dieser Querkraft mit gleicher Größe entgegenwirken.

Einfeldträger

In Abbildung 16 wird ein Träger auf zwei Auflagern, ein sogenannter Einfeldträger, mit gleichförmiger Streckenlast betrachtet. Am einfachsten ist der Querkraftverlauf zu begreifen, wenn man von links nach rechts fortlaufend immer wieder gedanklich eine Scheibe abschneidet und überlegt, welche äußeren Kräfte links von dieser Schnittebene wirken:

Die erste interessante Schnittebene ist die genau rechts neben dem linken Auflager. Was passiert in diesem Teilstück? Es wirkt die Auflagerkraft des Auflagers quer zur Stabachse nach oben. Die Querkraft entspricht also der Auflagerkraft. Wird weiter rechts erneut geschnitten, wirkt zusätzlich ein Teil der Streckenlast jedoch in die andere Richtung. Sie reduziert die Querkraft gegenüber dem vorherigen Ergebnis.

Jetzt wird genau in der Mitte geschnitten. Welche Kräfte wirken quer zum Stab von seinem linken Ende bis zur Schnittebene? Dies ist einerseits nach oben hin die Auflagerkraft und andererseits die Streckenlast des Stabteils vom linken Ende bis zur Mitte. Es wirkt also die Hälfte der Streckenlast des gesamten Stabes. Bei einem symmetrischen System wie diesem lässt sich einfach erkennen, dass jedes Auflager die Hälfte der Streckenlast abträgt. In dem Fall ist die Querkraft in der Mitte des Trägers gleich Null.

Betrachtet man nun eine weitere Schnittebene rechts davon, wirkt ein noch größerer Teil der Streckenlast. Dies bedeutet, dass die Querkraft negativ wird. In der Schnittebene kurz vor dem rechten Auflager wirkt fast die ganze Streckenlast gegenüber der unveränderten Auflagerkraft des linken Auflagers. Erst die Auflagerkraft des rechten Auflagers addiert das Ergebnis wieder zu Null auf.

Hätte man statt dem linken den rechten Teil des Trägers betrachtet, wäre das Ergebnis gleich ausgefallen. Es ist also egal, welches Teilsystem betrachtet wird, da an jeder Stelle des Trägers auch die inneren Kräfte im Gleichgewicht stehen müssen. Dies gilt im Übrigen für alle Schnittkräfte.

Biegemoment

Biegung

Im Kapitel Äußere Kräfte wurde bereits die Wirkung von Momenten erläutert. Dabei wurden alle wirkenden Kräfte als um einen festgelegten Punkt drehend angesehen. Ihre Größe ist mit Kraft mal Hebelarm definiert. > Kap. Lasten und Kräfte, Kräfte und Äußere Kräfte Während für die äußeren Kräfte die Auflagerpunkte interessant waren, geht es bei der Bestimmung der inneren Momente um die im Verlauf des Trägers wirkenden Kräfte. Die inneren Momente verursachen die Biegung eines Trägers. Für sehr viele Bauteile ist die Biegung die maßgebliche Beanspruchung, für die sie bemessen werden müssen. Deshalb ist es für die statische Berechnung notwendig, zu wissen, wie groß die Biegemomente an welcher Stelle im Träger sind. Dies wird im Momentenverlauf dargestellt, der deshalb ein wichtiges Hilfsmittel bei der Konstruktion von Biegeträgern ist.

Der direkte Zusammenhang zwischen innerem Moment und Biegung soll im Folgenden erneut anhand des Kragarms erklärt werden. Wie verformt sich der Kragarm unter einer gleichförmigen Streckenlast? Die Last bewirkt eine Biegung des Trägers nach unten. > Abb. 17 Die Verformung durch Biegung bedeutet dabei, dass der Träger auf der Oberseite länger werden muss und auf der Unterseite kürzer. Dies erzeugt eine Zugkraft an der gedehnten Oberseite und eine Druckkraft an der gestauchten Unterseite. Diese Spannungen wirken als innere Kraft der Last entgegen.

Die Biegung selbst erzeugt also die inneren Momente, deren Größe von der Größe der äußeren Kräfte und der Länge ihres Hebelarms ab-

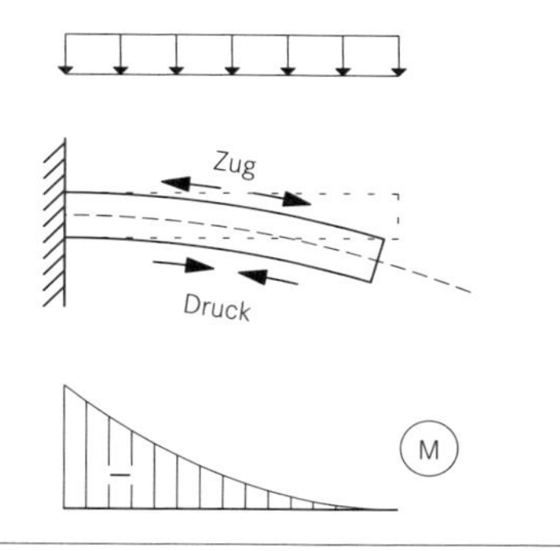

Abb. 17: Biegemoment eines Kragarms unter Gleichstreckenlast

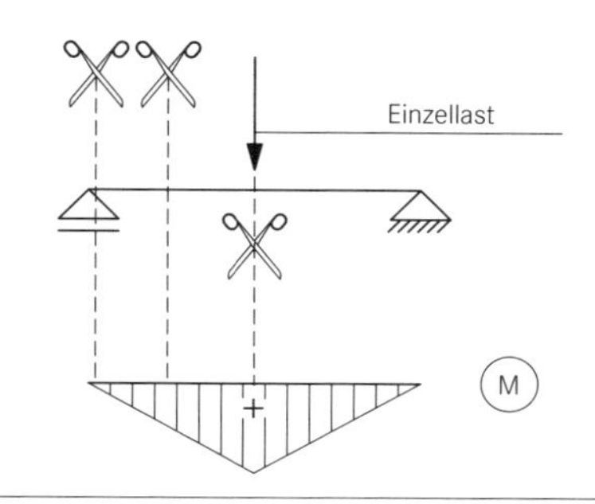

Abb. 18: Biegemoment eines Einfeldträgers unter Einzellast

hängt. Beim Kragarm wirkt am freien Ende wenig Streckenlast mit wenig Hebelarm, folglich ist das Moment klein. An der Einspannung wirkt jedoch die volle Streckenlast mit großem Hebelarm, das Moment ist also groß. > Abb. 17

Ein Einfeldträger unter Einzellast wird sich nach unten hin durchbiegen. Er wird also im Gegensatz zum oben beschriebenen Kragarm an seiner Unterseite gedehnt und an der Oberseite gestaucht.

Hier hat die Biegung eine andere Richtung als beim vorangegangenen Beispiel. Wie verhält es sich dabei mit dem Kraftverlauf? Untersuchen wir dazu diesen Träger von links nach rechts.

Beim Schnitt rechts vom linken Auflager wirkt die Auflagerkraft, hat aber noch keinen Hebelarm, daher ist das Biegemoment Null. Da der Hebelarm mit dem Abstand vom Auflager zunimmt, wird das Moment linear größer. Dies ist bis zum Punkt der Einzellast der Fall. Rechts davon wirkt die Einzellast der Auflagerkraft mit wachsendem Hebelarm entgegen, und die Biegekraft reduziert sich, bis sie beim zweiten Auflager wieder Null wird. Diese Untersuchung kann wahlweise von der linken oder von der rechten Seite aus durchgeführt werden, das Ergebnis ist jeweils gleich. > Abb. 18

$R = q \cdot l \left[\frac{kN \cdot m}{m}\right]$

Wie ändert sich der Kraftverlauf, wenn statt der Einzellast eine gleichförmige Streckenlast q wirkt? Eine Streckenlast kann zu einer resultierenden Einzellast zusammengefasst werden, deren Wirkungslinie im Schwerpunkt der Streckenlast liegt. Die Größe dieser resultierenden Einzelkraft ist Kraft pro Längeneinheit mal ihrer wirksamen Länge. Für die Berechnung der Biegemomente müssen in den verschiedenen Schnittebenen diese resultierenden Einzellasten und ihre Hebelarmlängen ermittelt werden. > Abb. 19 Diese wirken der Auflagerkraft mit wachsender

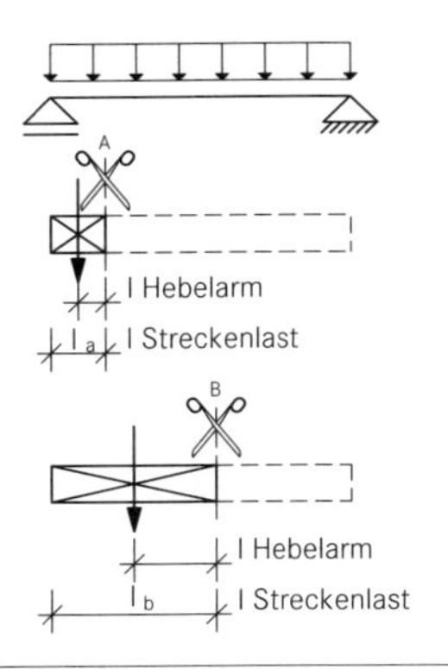

Abb. 19: Teilresultierende einer Streckenlast

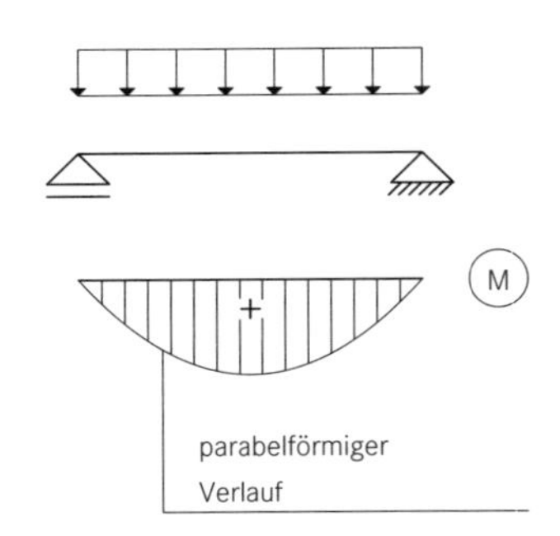

Abb. 20: Biegemoment eines Einfeldträgers unter Gleichstreckenlast

Größe entgegen. Der Momentenverlauf, der daraus resultiert, entspricht einer Parabel, weil die Länge, jeweils als die der Streckenlast und die des Hebelarms, zwei Mal in die Rechnung eingeht.

Moment einer Streckenlast: $M_A = q \cdot l \cdot l/2 \rightarrow M_A = \frac{q \cdot l^2}{2}$

Für den Momentenverlauf sind die Auflager wichtige Punkte, und an beiden ist die Biegung Null. Schneidet man nämlich direkt neben dem Auflager und schaut in dessen Richtung, > Abb. 20 hat keine Kraft einen Hebelarm, da der Stab an dieser Stelle noch keine messbare Länge hat, denn wir betrachten ja eigentlich einen Punkt. Allgemein lässt sich sagen, dass Biegung einen festen Trägerquerschnitt voraussetzt, der Momenten standhalten kann. Wenn in einem Gelenk geschnitten wird - und ein gelenkiges Auflager ist ein Gelenk -, trifft diese Voraussetzung jedoch nicht zu. Eine Kette beispielsweise stellt eine Aneinanderreihung von Gelenken dar und kann deshalb überhaupt keine Biegung aufnehmen. Ein wichtiger Grundsatz ist daher: In einem Gelenk ist das Biegemoment Null. > Abb. 20

Maximales Moment

In diesem Beispiel ist in Feldmitte das größte Moment. Der Träger muss, um tragfähig zu sein, diesem größten Moment gewachsen sein. Allgemein gilt, dass für die Bemessung eines Bauteils auf Biegung, Ort und Wert des maximalen Moments ermittelt werden muss.

Bei der Planung aufwendiger Träger über große Spannweiten ist nicht nur das maximale Moment für die Bemessung wichtig. Es kann materialsparend und wirtschaftlich sein, den Trägerquerschnitt dem Momentenverlauf anzupassen, also ihn so auszubilden, dass er an jeder Stelle exakt für das dort wirkende Biegemoment dimensioniert ist. Dafür sollte ein

Architekt den Momentenverlauf eines Trägers entsprechend der Belastung qualitativ bestimmen können.

○

Zusammenhänge der Schnittkräfte

In den vorangegangenen Abschnitten wurden die drei unterschiedlichen Schnittkräfte vorgestellt. Bei der Berechnung von Tragwerken müssen im Allgemeinen alle drei Schnittkraftverläufe ermittelt werden, um ein Bauteil für ihr Zusammenwirken bemessen zu können.

Querkraft und Moment haben darüber hinaus eine enge Beziehung zueinander. Die beiden Kräfte, die aus der gleichen Belastung resultieren, lassen Rückschlüsse aufeinander zu. Wirkt beispielsweise in einem Bereich eines Stabes keine Kraft, kann sich auch der Wert der Querkraft nicht ändern, d. h. er ist konstant. Weil Momente aber als Kraft mal Hebelarm definiert sind, verändert sich deren Größe in einem Bereich ohne Last linear. Wirkt an beliebigem Ort eine Kraft, ändert sich der Wert des daraus resultierenden Moments proportional zur Entfernung davon. Solche Beziehungen zwischen Querkraftverlauf und Momentenverlauf ist zwangsläufig. > Abb. 21

Für statische Berechnungen ist vor allem der folgende Zusammenhang wichtig: Vergleicht man die Kraftverläufe, wird deutlich, dass an den Orten der maximalen Momente die Querkraft einen Nulldurchgang hat. Dies erweist sich als praktisch, denn dadurch lässt sich der Ort des maximalen Moments schon aus dem Querkraftverlauf ablesen und muss nur noch an dieser Stelle errechnet werden. > Abb. 21 und 22

Mit einiger Erfahrung lässt sich darüber hinaus der zu erwartende Querkraft- und Momentenverlauf qualitativ bestimmen. In Abbildung 23 werden für einige immer wieder auftauchende Belastungsarten die entsprechenden Kraftverläufe dargestellt:

1. Wirkt im Trägerverlauf keine Kraft, ist der Querkraftverlauf konstant und der Momentenverlauf linear.
2. Eine Einzellast verursacht im Querkraftverlauf einen Sprung und im Momentenverlauf einen Knick.
3. Bei gleichförmigen Streckenlasten bildet der Querkraftverlauf eine geneigte Gerade und der Momentenverlauf eine Parabel.

○ **Hinweis:** Bei der Darstellung der Schnittkräfte gibt es folgende Festlegungen für die Vorzeichen:
Normalkraft: Druck (−) wird nach oben hin dargestellt, Zug (+) nach unten.
Querkraft: Die positive Querkraft wird über, die negative unter der Systemlinie gezeichnet.
Biegemoment: Die Momente werden in Richtung ihrer Durchbiegung gezeichnet: die positiven Momente nach unten, die negativen nach oben.
Es handelt sich bei diesen Festlegungen jedoch nicht um Definitionen. Es ist beispielsweise in einigen Ländern üblich, die Biegemomente andersherum darzustellen.

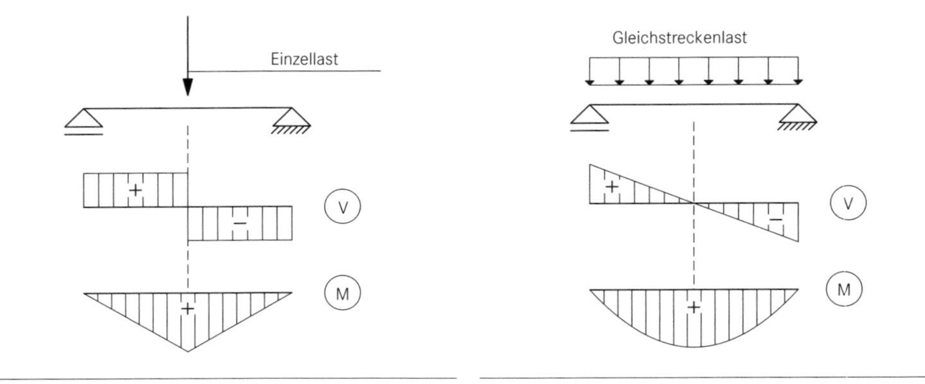

Abb. 21: Querkraft und Moment eines Einfeldträgers unter Einzellast

Abb. 22: Querkraft und Moment eines Einfeldträgers unter Streckenlast

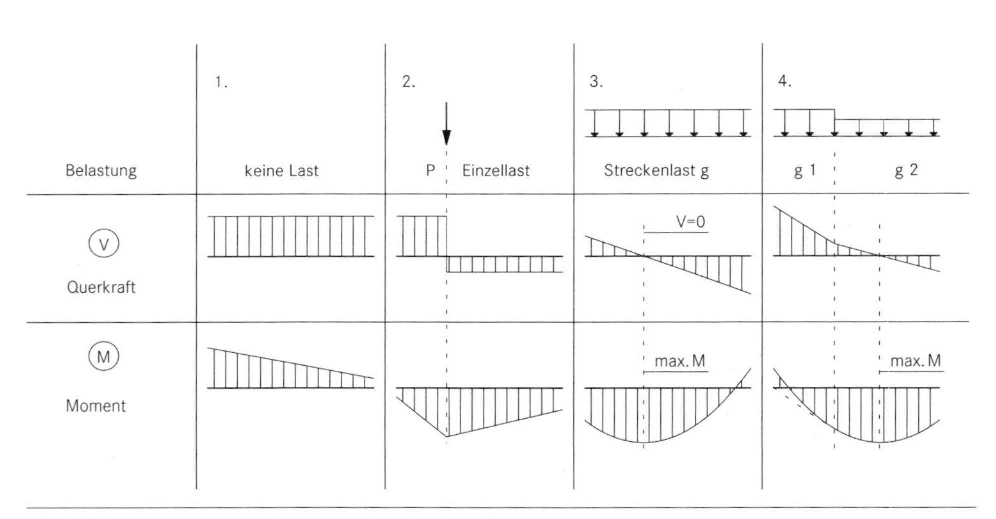

Abb. 23: Zusammenhang von Belastung, Querkraft und Moment

4. Ein Sprung in der gleichförmigen Streckenlast ergibt im Querkraftverlauf einen Knick; im Momentenverlauf fügen sich zwei Parabeln mit unterschiedlicher Steigung so aneinander, dass sie die gleiche Tangente besitzen. Spalte 1 und 2 der Tabelle könnten Ausschnitte aus einem System wie Abbildung 21 sein, während Abbildung 22 als Beispiel für Spalte 3 herangezogen werden kann.

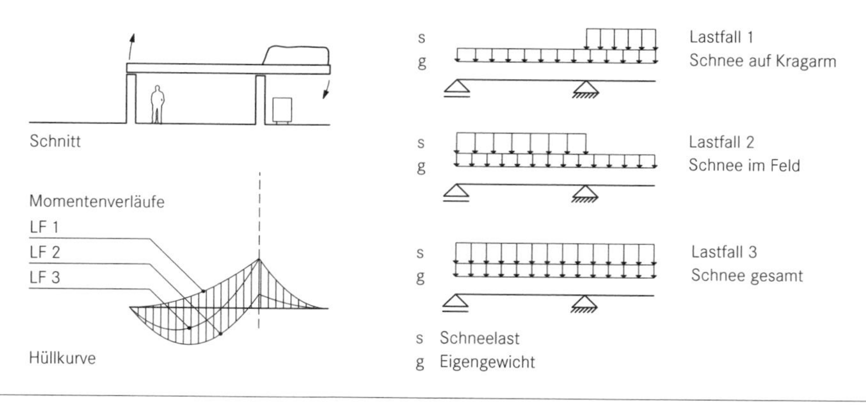

Abb. 24: Lastfälle und Hüllkurve

Lastfälle

In der Praxis überlagern sich verschiedene Belastungen häufig. Sie müssen in der Berechnung aufaddiert werden, um die Bauteile für die maximale Beanspruchung zu bemessen. Es gibt jedoch auch Fälle, bei denen eine Gefahr nicht durch die maximale Belastung verursacht wird. Maximalwerte von Schnittkräften, die für die Bemessung ausschlaggebend sind, sind auch bei anderen Kombinationen der Lasten möglich. Diese unterschiedlichen Kombinationen von Lasten heißen Lastfälle.

Dazu folgendes Beispiel: Eine kleine Werkstatt ist mit einer Holzbalkendecke als Flachdach eingedeckt und hat an einer Seite ein weit auskragendes Vordach, um Material zu lagern. Im Winter fällt nun sehr viel Schnee. Da die Werkstatt gut geheizt und das Dach schlecht isoliert ist, schmilzt der Schnee auf dem Dach, jedoch nicht auf dem Vordach, worunter sich ja kein beheizter Raum befindet. Der Schnee bleibt nur auf dem Vordach liegen. Diese Belastung bringt einerseits die Gefahr, dass das Dach über der Werkstatt abhebt, andererseits könnten die Dachbalken über der Wand zur Auskragung durchbrechen. > Abb. 24

Hüllkurve

Um diese Gefahren abzuwenden, muss der Tragwerksplaner also nicht nur den Lastfall Schnee auf dem gesamten Gebäude berechnen, sondern zusätzlich den Lastfall Schnee nur auf dem Vordach, denn beide verursachen unterschiedliche Gefahren. Er muss als ersten Schritt feststellen, welche Lastkombinationen bzw. Lastfälle möglich sind, und diese zusammenstellen. Zeichnet man dann die Momentenverläufe der unterschiedlichen Lastfälle übereinander, so lässt sich in dieser Grafik für jeden Punkt der jeweils mögliche Extremwert ablesen. Diese Grafik heißt auch Hüllkurve. Sie zeigt mit ihrer äußeren Begrenzung, welcher Lastfall für welchen Punkt maßgebend ist. In Abbildung 24 kann abgelesen werden, dass das größte positive Moment im Feld bei Lastfall 2, das größte negative Moment jedoch bei Lastfall 1 und 3 auftritt.

BEMESSUNG

Der Ablauf einer statischen Berechnung ähnelt der Reihenfolge in den vorangegangenen Kapiteln. Nachdem das statische System aufgestellt ist, werden die Lastannahmen getroffen, dann für die Bauteile die äußeren Kräfte und daraufhin die Schnittkräfte ermittelt.

Es wäre schön, wenn man nun einfach den erforderlichen Bauteilquerschnitt ausrechnen könnte. Leider ist dies nicht so einfach, wie es scheint, denn alle Teile des Tragwerks gehen selbst als Lasten in die Berechnung ein, das heißt, dass alle Maße der Bauteile schon für die Lastannahmen festgelegt werden müssen, um deren Gewicht mit einzurechnen. Wenn sich dann bei der Berechnung herausstellt, dass eines der geschätzten Bauteile nicht ausreichend tragfähig ist, muss wieder von vorn begonnen werden.

Auch wenn dadurch nicht alle Arbeit hinfällig würde, erweist sich doch sorgfältige Vorausplanung in Form einer überschlägigen Vordimensionierung als Vorteil. Vordimensionierung bedeutet, dass die Bauteilgrößen anhand von groben Formeln ermittelt werden. > Anhang, Formeln zur Vordimensionierung

Festigkeit

Nachdem die entstehenden Kräfte ermittelt sind, interessiert jetzt die Tragfähigkeit der Bauteile. Diese hängt u. a. von zwei Aspekten ab, nämlich dem Material und dem Querschnitt.

Ein erster Schritt beim Entwerfen von Konstruktionen ist das Festlegen des Materials. Jedes Baumaterial hat seine Vor- und Nachteile. Beim Konstruieren sind speziell die jeweiligen Festigkeiten relevant. Seilkonstruktionen beispielsweise sind zug-, aber nicht druckfest. Mauerwerk dagegen ist druck-, aber nicht zugfest. Konstruktionen aus Holz, Stahl oder Stahlbeton sind druck- und zugfest und besitzen Festigkeit gegenüber Scherkräften. > Kap. Lasten und Kräfte, Äußere Kräfte

Es wurde bereits festgestellt, dass bei Biegung Druck und Zug gleichzeitig entstehen. Folglich können nur Materialien, die Festigkeit gegenüber beiden Beanspruchungen besitzen, zu Biegeträgern verarbeitet werden (z. B. Holz- und Stahlträger).

Spannung

$$\sigma = \frac{F\,[kN]}{A\,[m^2]}$$

Die Materialien unterscheiden sich darüber hinaus auch in ihrer Fähigkeit, Kräfte aufzunehmen. Diese Leistungsfähigkeit drückt sich darin aus, wieviel Kraft pro Fläche ein Material aufnehmen kann. Der Wert Kraft pro Fläche wird als Spannung σ bezeichnet.

Robert Hooke, 1635–1703

Um den Begriff der Festigkeit zu verstehen, ist es notwendig, auf das Hookesche Gesetz hinzuweisen, das besagt, dass im elastischen Bereich die Spannungen und die Dehnungen proportional sind. Was heißt das für die Baumaterialien? Jedes Material, sei es Holz, Stahl, Stahlbeton oder

Mauerwerk, ist grundsätzlich elastisch. Wird ein Bauteil belastet, entstehen Spannungen, und diese erzeugen proportional dazu Dehnungen des Materials. Wird also an einem Stab gezogen, dehnt er sich. Wird die Belastung verdoppelt, dehnt er sich auch doppelt so stark. Verringert man die Belastung wieder, verringert sich auch die Verformung.

Zulässige Spannung

Diese einfache Gesetzmäßigkeit gilt nur bis zu einem bestimmten Punkt. Wird die Spannung zu hoch, reagiert das Material nicht mehr elastisch, sondern plastisch, das heißt, es stellen sich bleibende Verformungen ein. An diesem Punkt beginnt das Bauteil, Schaden zu nehmen. Belastet man noch weiter, versagt es ganz, wobei das Versagen bei jedem Material unterschiedlich verläuft. Der Wert, wie viel Spannung ein Material aufnehmen kann, bevor es sich plastisch verformt und versagt, ist ein reiner Materialkennwert und hat nichts mit der Geometrie des Bauteils zu tun. Für das Konstruieren ist wichtig, dass der maximal zulässige Wert auch unter höchster Belastung nicht erreicht wird. Die Spannungen, die ein Material aufnehmen kann, werden in Laborversuchen ermittelt, wobei Abweichungen der Materialqualität berücksichtigt werden. Der so ermittelte Wert nennt sich die zulässige Spannung und kann Tabellen entnommen werden. > Anhang, Literatur

Festigkeitsklassen

Jedes Material ist außerdem in verschiedenen Qualitäten mit unterschiedlichen zulässigen Spannungen erhältlich und wird in sogenannte Festigkeitsklassen eingeteilt. So werden beispielsweise einfache oder hochfeste Betone durch ihre Festigkeitsklasse unterschieden. Der eigentliche Nachweis über die Tragfähigkeit eines Bauteils verläuft immer nach dem Prinzip, dass die vorhandenen Spannungen kleiner als die zulässigen Spannungen sein müssen. Während die zulässigen Spannungen Tabellen zu entnehmen sind, besteht der wesentliche Teil der Arbeit in der Ermittlung der vorhandenen Spannungen. Wenn Bauteile nur mit Normalkraft belastet sind, ist die Ermittlung dieser Spannungen einfach. Die vorhandene Spannung entspricht der Normalkraft pro Querschnittsfläche des Bauteils. Wenn das Ergebnis zeigt, dass die vorhandene Spannung kleiner als die zulässige Spannung ist, ist das Bauteil richtig bemessen. Leider ist dieser einfache Nachweis nur selten der für die Bemessung ausschlaggebende. Seile, die ja nur Zugkraft aufnehmen können, werden auf diese Weise bemessen. In den meisten Fällen ist jedoch die Biegebelastung für die Dimensionierung ausschlaggebend.

Widerstandsmoment

Spannungsverlauf

Jeder Nachweis eines Bauteils beruht darauf, dass die vorhandenen Spannungen kleiner als die zulässigen sein müssen. Dies gilt auch für biegebeanspruchte Träger. Bei der Erläuterung des Biegemoments wurde festgestellt, dass auf eine Seite eines Biegeträgers Zugspannungen und auf seine andere Seite Druckspannungen wirken. Aber wie groß sind diese Spannungen und wie ihr Verlauf genau?

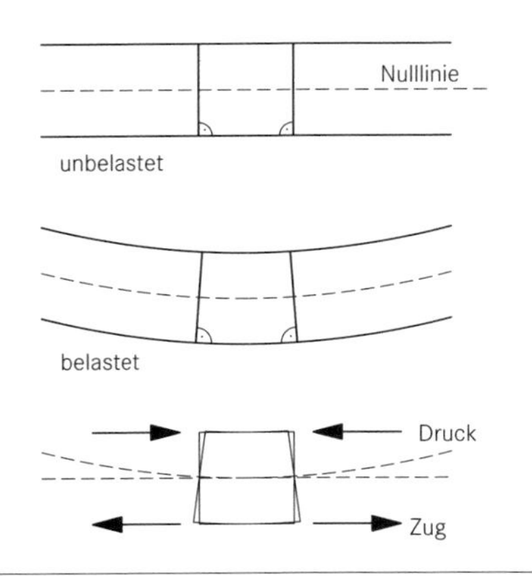

Abb. 25: Verformung durch Biegung

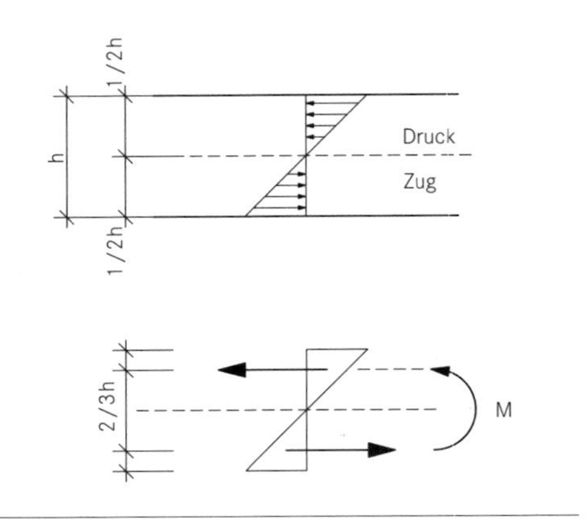

Abb. 26: Spannungsverlauf im Biegeträger

Spannungsnullebene

Dazu sei ein unbelasteter Träger betrachtet, der in Querrichtung mit geradlinigen Linien markiert wird. Wenn er sich aufgrund einer Belastung durchbiegt, neigen sich die Markierungen trapezförmig einander zu, wobei die Linien jedoch geradlinig bleiben. > Abb. 25 Wenn dabei gilt, dass Dehnungen und Spannungen proportional zueinander sind, ergibt sich daraus ein ebenfalls geradliniger Spannungsverlauf von der Zugspannung am unteren Rand über die mittige Ebene, die spannungsfrei ist, bis zur Druckspannung am oberen Rand. Wie in Abbildung 26 zu sehen, bilden der Druck- und der Zugspannungsverlauf je ein Dreieck. Diese dreiecksförmigen Spannungen lassen sich jeweils zu einer Resultierenden im Schwerpunkt des Dreiecks zusammenfassen, die untereinander den Abstand von 2/3 der Höhe des Querschnitts haben. Diese Länge stellt den Hebelarm der inneren Momente dar, die den Lasten entgegenwirken und damit für die Tragfähigkeit verantwortlich sind. Je größer die Höhe des Trägers, desto größer ist auch der Hebelarm der inneren Spannungen, und desto mehr Stabilität hat ein Träger.

Für den Widerstand gegen Biegung ist also vor allem die Länge dieses Hebelarms, aber auch die Breite des Profils verantwortlich. Diese Widerstandsfähigkeit eines Profils wird durch das Widerstandsmoment angegeben. Das Widerstandsmoment ist ein Wert, der sich auf die Geometrie des Trägers und nicht auf sein Material bezieht.

Für den Rechteckquerschnitt beispielsweise, der im Holzbau üblich ist, ergibt sich das Widerstandsmoment W mit der Größe $W = b \cdot h^2 / 6$.

Es lohnt sich, diese Formel genauer zu betrachten, es steht nämlich die Höhe h zum Quadrat, während die Breite b einfach als Faktor eingeht. Damit lässt sich erklären, was aus Beobachtung längst klar ist: Ein hohes Rechteckprofil ist tragfähiger als ein quadratisches oder flach rechteckiges. Genauer gesagt, bewirkt die doppelte Breite eines Profils die doppelte Tragfähigkeit, die doppelte Höhe jedoch die vierfache Tragfähigkeit.

Für die Bemessung eines einfachen Rechteckquerschnitts, beispielsweise eines Holzbalkens, ist das Widerstandsmoment mit der oben genannten Formel zu ermitteln. Für andere Querschnitte, beispielsweise für alle Stahlprofile, ist die Bemessung komplizierter. Deshalb sind die Werte für das Widerstandsmoment in den Tabellenwerken stets angegeben.
> Anhang, Literatur

Die Bezeichnung Widerstandsmoment beinhaltet das Wort Moment. Im Gegensatz zu dem im Kapitel Kräfte erläuterten Begriff des Moments bezieht sich das Widerstandsmoment jedoch nicht auf eine einzelne Kraft mit bestimmtem Hebelarm, sondern auf Flächenteile und deren Hebelarm um die Spannungsnulllinie, denn es wird ja eine Querschnittsfläche betrachtet. > Abb. 26 Wie das im folgenden Kapitel erläuterte Trägheitsmoment wird auch das Widerstandsmoment deshalb als Flächenmoment bezeichnet.

Trägheitsmoment

Das Trägheitsmoment lässt sich am besten über seine Wirkung erklären. Während das Widerstandsmoment die Festigkeit eines Trägerprofils gegenüber Biegemomenten ausdrückt, bezieht sich das Trägheitsmoment auf dessen Durchbiegung. Es beschreibt die Steifigkeit eines Querschnitts.

Das Trägheitsmoment basiert, wie das Widerstandsmoment, auf der Spannungsverteilung im biegebeanspruchten Querschnitt. Dabei sind die stark gestauchten und gedehnten Flächenteile am Rand wirkungsvoller als die im Bereich der Spannungsnulllinie. Gegenüber dem Widerstandsmoment ist der Abstand der Flächenteile von der Nulllinie für das Trägheitsmoment aber noch wichtiger.

Das Trägheitsmoment ist die Summe aller Flächenteile des Querschnitts mal dem Quadrat ihres Abstands zur Nulllinie.

Für Rechteckquerschnitte wird das Trägheitsmoment mit der Formel $I = b \cdot h^3 / 12$ errechnet. Die Querschnittshöhe geht hier also in der dritten Potenz ein. Das bedeutet, dass sich bei Verdoppelung der Trägerhöhe und gleich bleibender Breite die Durchbiegung auf ein Achtel reduziert.

Durchbiegung

Mit Hilfe des Trägheitsmoments lässt sich die zu erwartende Durchbiegung eines Trägers errechnen. Obwohl es in erster Linie notwendig ist, Bauteile über das Widerstandsmoment auf ihre Tragfähigkeit zu bemessen, muss meist zusätzlich nachgewiesen werden, dass eine zulässige maximale Durchbiegung nicht überschritten wird.

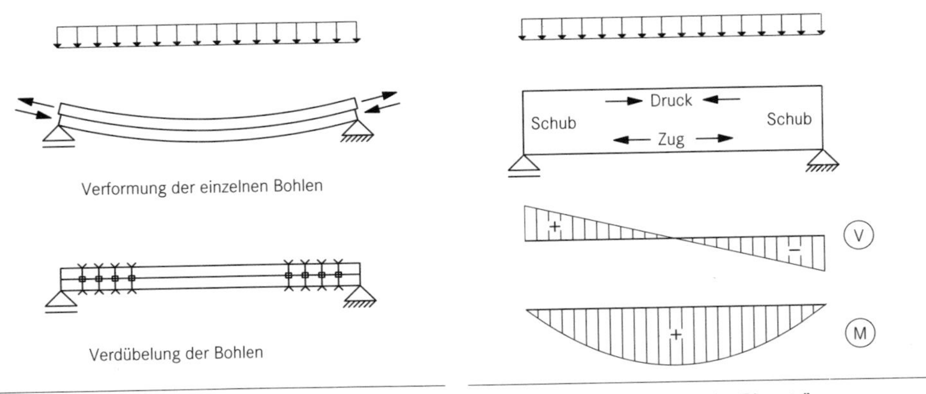

Abb. 27: Beispiel: Wirkung von Schubkräften

Abb. 28: Spannungsbereiche am Biegeträger

Schubspannung

Folgendes Beispiel soll die Schubspannung erläutern: Es werden zwei Bohlen als Einfeldträger übereinander gelegt und dann belastet. Unter der Last werden sich beide Bohlen durchbiegen und dabei gegeneinander verschieben. > Abb. 27 und 28 Um die Tragfähigkeit zu erhöhen, sollen sie miteinander verbunden werden, denn ein hoher Querschnitt ist tragfähiger als zwei übereinander gelegte Bohlen mit insgesamt der gleichen Höhe. > Kap. Lasten und Kräfte, Bemessung Was wäre zu tun?

Eine mögliche Variante könnte sein, die Bohlen im unbelasteten Zustand zu durchbohren und mit Dübeln und Bolzen fest miteinander zu verbinden.

Jetzt stellt sich jedoch die Frage, welche Kräfte diese Dübel eigentlich aufnehmen sollen und wie diese Kräfte entstehen. Die Antwort auf den ersten Teil der Frage ist einfach. Für das Verschieben der Bohlen sind die Schubkräfte verantwortlich. Woher diese Kräfte stammen, lässt sich am einfachsten mit Hilfe des in Abbildung 28 dargestellten Trägers erläutern. In diesem Träger unter Gleichstreckenlast ist in Feldmitte auf seiner Unterseite die größte Zugspannung und auf seiner Oberseite die größte Druckspannung vorhanden. Diese Spannungen reduzieren sich mit der Abnahme des Biegemomentes zu den Auflagern hin.

Wo bleiben aber die Kräfte, die ja nicht einfach verschwinden können? Zu den Auflagern hin heben sich die Druck- und Zugspannungen auf. Dies geschieht durch die Schubkräfte, die mit der Abnahme der Biegekräfte zunehmen.

Während die Biegespannungen im Momentenverlauf ablesbar sind, sind die Schubspannungen proportional zu den Querkräften; beim Ein-

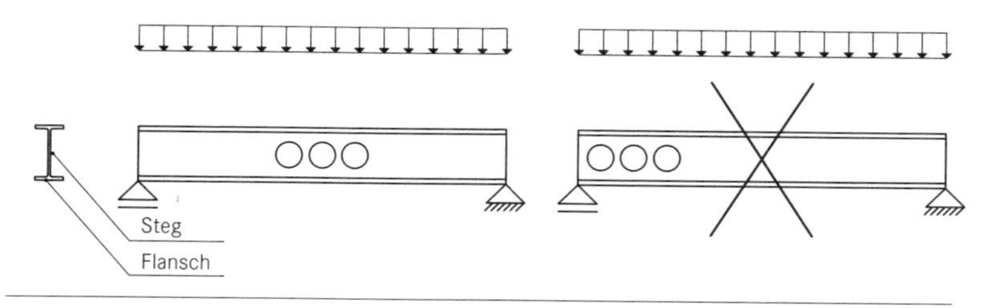

Abb. 29: Aussparungen für Leitungsführung im Biegeträger

feldträger unter Streckenlast nehmen die Querkräfte zu den Auflagern hin zu. > Kap. Lasten und Kräfte, Innere Kräfte/Schnittkräfte

Grundsätzlich gilt bei solchen Trägern, dass die Spannungen aus Biegung in Feldmitte auf der Ober- und Unterseite des Profils am größten sind > Kap. Lasten und Kräfte, Innere Kräfte/Schnittkräfte und die maximalen Schubspannungen sich an den Auflagern befinden. Das Material Holz ist beispielsweise empfindlich gegenüber Schubkräften. Bei Holzkonstruktionen ist es manchmal notwendig, Träger für die Aufnahme der Schubkräfte an den Auflagern zu verstärken.

Doppel-T-Profil

Zum Verständnis der Schubspannungen sei noch ein weiteres Beispiel erläutert. Übliche Stahlprofile wie Doppel-T-Profile sind so gestaltet, dass die Flansche jeweils Biegedruck und Biegezug aufnehmen, der Steg dagegen die Schubkräfte.

Möchte man beispielsweise bei einem Einfeldträger für die Leitungsführung Löcher in den Steg schneiden, ist dies in Trägermitte wenig problematisch: Dort sind die wirkenden Kräfte eher klein, wobei die beiden Flansche durch Biegedruck und Biegezug voll belastet sind. Es sollte jedoch vermieden werden, Durchbrüche in der Nähe der Auflager anzuordnen, denn hier wird der Steg durch die Schubkräfte stark beansprucht. ■ > Abb. 29

■ **Tipp:** Die Leitungsführung der Elektro-, Wasser- und Abwasserleitungen, vor allem aber die der Lüftungsleitungen kann wesentliche Auswirkungen auf die Gestaltung des Tragwerks haben. Sie sollte frühzeitig festgelegt und mit dem Tragwerksplaner abgestimmt werden. Grundsätzlich sollten Tragwerk und Medienführung so geplant werden, dass möglichst wenige Kreuzungspunkte entstehen.

KRAGARM, EINFELDTRÄGER, EINFELDTRÄGER MIT KRAGARM

Im ersten Kapitel wurden die Lasten und Kräfte an den Beispielen Kragarm und Einfeldträger erläutert. Diese beiden Tragsysteme bilden die Grundlage für die meisten weiter entwickelten und komplexeren Systeme. Es lohnt sich aber, noch einmal zusammenfassend ihre Vor- und Nachteile aufzulisten:

Kragarm

Den Kragarm kann man auch mit einem langen Hebel vergleichen, mit dem schwere Lasten angehoben werden können. Die Hebelwirkung in der Einspannung stellt folglich sein größtes Problem dar. Wie in Abbildung 30 erkennbar, liegt dort der Ort des maximalen Moments und der maximalen Querkraft. Beide müssen durch die Einspannung aufgenommen werden. Im Holzbau ist das kaum machbar, denn keine Nagel- oder Schraubenverbindung könnte das leisten, es sei denn, die Länge der Einspannung wäre groß genug. Eine Einspannung in Mauerwerk ist dagegen leicht möglich. Es bleibt jedoch die Gefahr, dass der lange Hebel sogar Mauerwerk anheben kann, wenn es über der Einspannung nicht hoch genug aufgemauert ist. Schaut man sich den Momenten- und den Querkraftverlauf an, wird deutlich, dass ein Kragarm unter Gleichstreckenlast für den Bereich der Einspannung bemessen werden muss, für den Rest seiner Länge dadurch aber überdimensioniert ist. Bei einem Kragträger ist es deshalb sinnvoll, materialsparend und üblich, die Trägerhöhe von der Einspannung bis zum freien Ende den Schnittkraftverläufen entsprechend zu reduzieren.

Einfeldträger

Der Einfeldträger ist wahrscheinlich das am häufigsten verwendete Tragsystem. Aber auch hier lohnt es sich, einmal genau hinzuschauen:

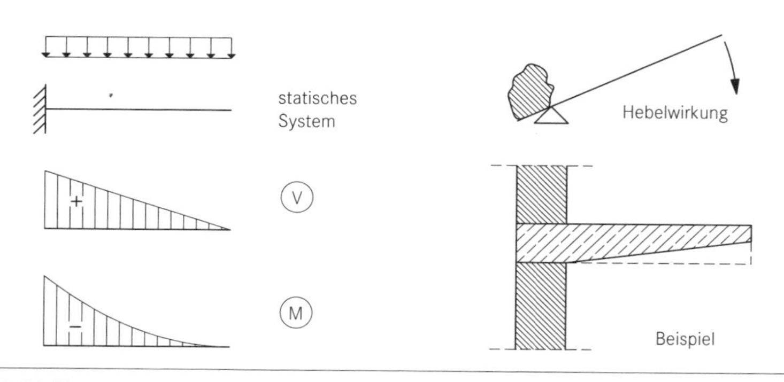

Abb. 30: Kragarm: statisches System, Schnittkraftverläufe und Beispiel

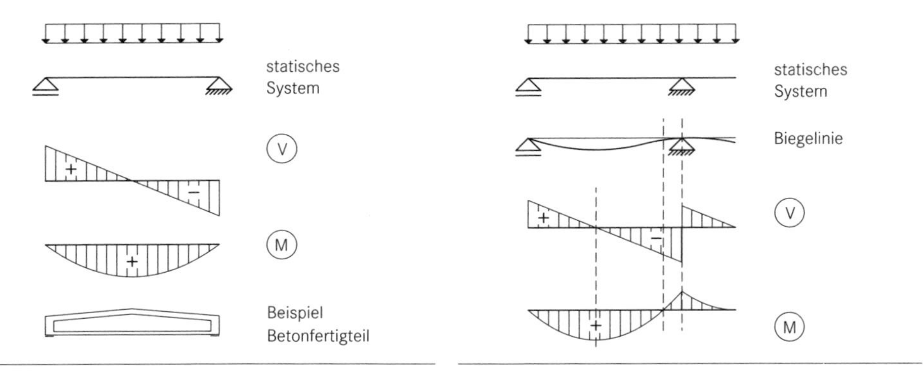

Abb. 31: Einfeldträger

Abb. 32: Einfeldträger mit Kragarm

Meist wird ein einfaches Holz-, Stahl- oder auch Betonprofil als Einfeldträger mit gleich bleibendem Querschnitt eingesetzt, weil solche Träger leicht herstellbar und billig sind und außerdem den Vorteil haben, oben und unten eine gerade Ebene zu bilden. Eigentlich sind die meisten Einfeldträger aber auch nur an einem Punkt voll ausgenutzt, nämlich in der Mitte, am Ort des maximalen Momentes. Es kann daher sinnvoll sein, den Träger dem Momentenverlauf anzupassen und ihn in der Mitte höher als an den Auflagern auszubilden. > Abb. 31 und Kap. Lasten und Kräfte, Innere Kräfte/ Schnittkräfte

Holz ist ein gewachsener Baustoff, der quer zu seiner Wuchsrichtung wesentlich weniger Kräfte aufnehmen kann als längs. Daher ist er empfindlich gegen Schubkräfte. In einem günstigen Fall ist ein Balken aus Holz deshalb an drei Stellen voll ausgenutzt: in seiner Mitte aufgrund
■ des Biegemoments und an beiden Enden aufgrund der Schubkräfte. > Kap. Lasten und Kräfte, Bemessung

Einfeldträger mit Kragarm

Der Einfeldträger mit Kragarm ist aus der Sicht der Tragwerkslehre ein sehr günstiges System. Man könnte sagen, dass er als Kombination aus den beiden zuvor dargestellten Tragsystemen deren jeweilige Nachteile ausgleicht.

Das Problem des Kragarms war seine Einspannung. In diesem System ist jedoch die Länge der Einspannung, also die Feldlänge, meist größer als die der Auskragung selbst und damit unproblematisch. Entscheidend für diesen Träger ist, was über dem Auflager beim Kragarm geschieht. Hier hat die Auskragung ihr maximales Moment, das einen negativen Wert hat. > Abb. 32

Biegelinie

Ein Einfeldträger hat in Feldmitte sein maximales positives Moment, am Auflager läuft es gegen Null. Wie fügen sich nun diese beiden Linien zusammen? Stellt man sich die Durchbiegung eines solchen Trägers unter

Last vor, wird dies deutlich: Der Kragarm hängt herunter, und auch im Feld würde der Träger durchhängen. Während er sich beim gelenkigen Endauflager schräg einhängt, wölbt er sich jedoch über das andere hinweg und liegt über dem Auflager horizontal. Dies bedeutet, dass sich der Wendepunkt der sogenannten Biegelinie vom Auflager in das Feld verschiebt. > Abb. 32

Dies spiegelt auch der Momentenverlauf wieder. Der Auskragung entsprechend liegt das negative Maximum über dem Auflager. Ein negatives Moment über einem Auflager heißt Stützmoment. Es wird im Feld erst abgebaut, bevor sich ein sogenanntes Feldmoment einstellt. So wird das positive Moment im Bereich zwischen den Auflagern bezeichnet. Es fällt wegen des Stützmomentes kleiner aus als beim reinen Einfeldträger.

Stützmoment/
Feldmoment

Durch den Kragarm wird der Träger im Feld also entlastet. Dies bedeutet, dass ein solcher Träger kleiner dimensioniert werden kann als ein Einfeldträger über die gleiche Spannweite. ○

DURCHLAUFTRÄGER

Durchlaufträger überspannen mehrere Felder. Die genaue Bezeichnung richtet sich nach der Anzahl dieser Felder. Ein Zweifeldträger hat drei Auflager, ein Dreifeldträger vier und so weiter. Solche Systeme stellen die logische Erweiterung dessen dar, was zuvor erläutert wurde. Wie beim Einfeldträger mit Kragarm stellt sich über einem Mittelauflager ein Stützmoment ein, das die Biegemomente in den Feldern reduziert. Die Wendepunkte der Biegelinie entsprechen dabei den Nullpunkten der Momentenlinie, wobei Biegelinie und Momentenlinie nicht die gleiche Form haben. Die Form der Biegelinie deutet jedoch auf den Momentenverlauf hin. > Abb. 33 und Kap. Lasten und Kräfte, Innere Kräfte/Schnittkräfte

■ **Tipp:** Holzrechteckquerschnitte als Balken sollten weder zu breit noch zu schlank ausgebildet werden. Sinnvoll sind Größen mit den Seitenverhältnissen zwischen 2:3 und 1:3.
In den Bautabellenwerken sind Profiltabellen für Holzprofile angegeben. Die in diesen Tabellen angegebenen Profilgrößen sind im Holzhandel meist als Lagerware erhältlich. Sie müssen deshalb nicht speziell zugeschnitten werden, was für den Zimmermann zusätzlichen Aufwand bedeuteten würde.

○ **Hinweis:** Ein positives Moment oder Feldmoment bedeutet Zug auf der Unterseite und Druck auf der Oberseite des Trägerprofils. Ein negatives oder auch Stützmoment bewirkt Zug auf der Oberseite und Druck auf der Unterseite (siehe Kap. Lasten und Kräfte, Innere Kräfte/Schnittkräfte).

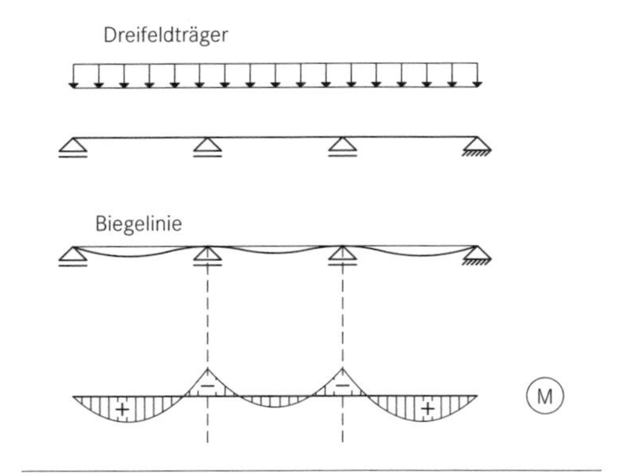

Abb. 33: Dreifeldträger

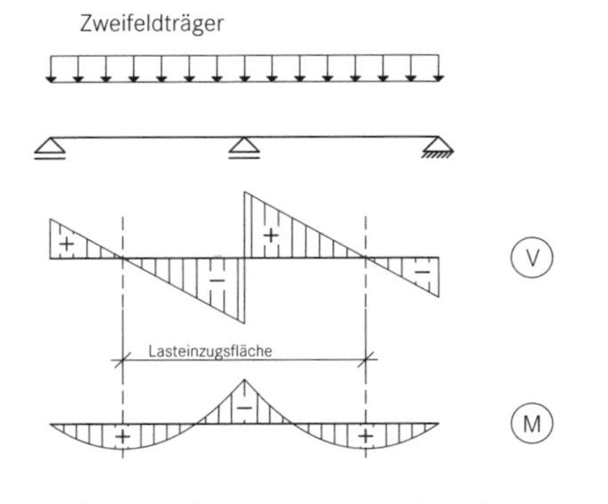

Abb. 34: Lasteinzugsfläche einer Mittelstütze

Durchlaufwirkung

Durchlaufträger haben also den Vorteil, dass sie durch die Stützmomente über den Auflagern die Feldmomente reduzieren. Niedrigere Feldmomente bedeuten, dass die Träger geringer dimensioniert werden können. Die sogenannte Durchlaufwirkung erlaubt also eine spürbare Materialeinsparung.

Ohne genauere Betrachtung hätte die Vermutung nahe gelegen, dass eine Mittelstütze genau doppelt so viel wie die Randstützen tragen muss. Dies ist jedoch nicht der Fall: Die Grenze der Lasteinzugsfläche liegt nicht in Feldmitte, sondern da, wo die Querkraft gleich Null ist und das maximale Feldmoment liegt. Eine Mittelstütze übernimmt daher mehr als die doppelte Last einer Randstütze. > Abb. 34

GELENKTRÄGER

Bei Durchlaufträgern wird eine Materialeinsparung gegenüber Einfeldträgern erzielt. Wie lässt sich dieser Vorteil beispielsweise im Holzbau nutzen, wo Balken naturgegeben nicht in unbeschränkter Länge verfügbar sind?

Momentennullpunkt

Wenn man sie jeweils von Auflager zu Auflager spannen lässt, ist das Ergebnis eine Kette von Einfeldträgern, die die Durchlaufwirkung eben nicht nutzt. Beim Blick auf den Momentenverlauf des Durchlaufträgers zeigt sich eine weitere Möglichkeit: Man kann die einzelnen Balken an den Stellen der Momentennullpunkte zusammenfügen. Dadurch bleibt die Durchlaufwirkung erhalten, und vor allem bedeutet ein Momentennullpunkt ja, dass an dieser Stelle keine Biegung vorhanden ist. Wenn man dort also einen Balkenstoß vorsieht, ändert sich der Momentenverlauf gegenüber dem Durchlaufträger nicht. Ein Balkenstoß stellt im

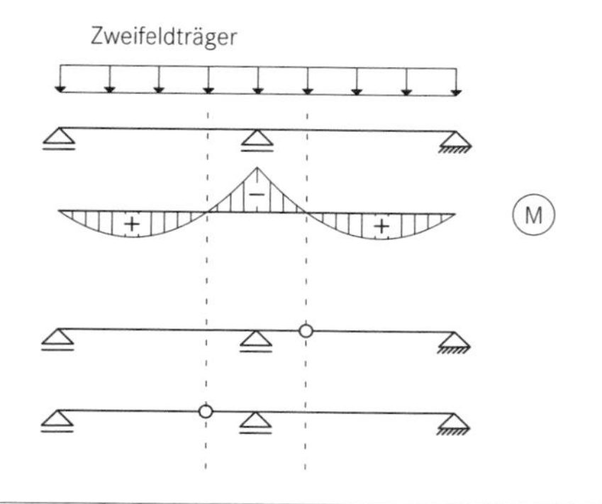

Abb. 35: Beispiele für gelenkige Bauteilanschlüsse

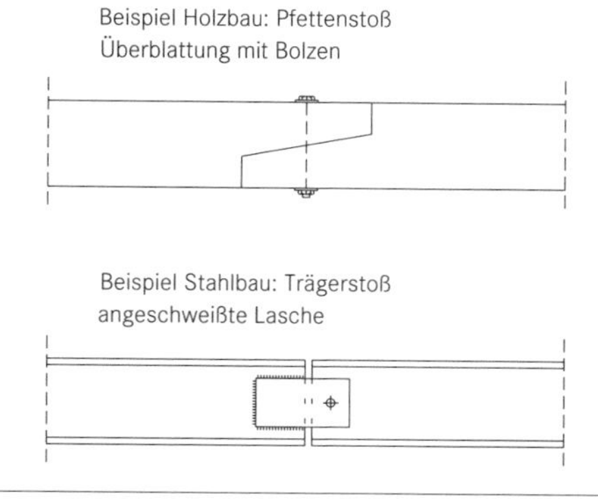

Abb. 36: Beispiele für gelenkige Bauteilanschlüsse

Holzbau wie fast jeder Knotenpunkt ein Gelenk dar, und in einem Gelenk ist das Biegemoment zwangsläufig Null. > Abb. 35 und 36

Statische Bestimmtheit

Das eingefügte Gelenk hat darüber hinaus noch eine zweite Auswirkung auf das System. Durchlaufträger und Gelenkträger unterscheiden sich in einer wesentlichen Eigenschaft voneinander. Was passiert mit einem Durchlaufträger, wenn sich eines der Auflager aus irgendeinem Grund absenkt? Der Träger wird sich verbiegen müssen, um noch auf allen aufzuliegen. Dadurch entstehen Zwängungen im Bauteil. Würde dies bei einem Gelenkträger passieren, entstünde wegen der gelenkigen und verschieblichen Lagerung keine Zwängung im Profil. Tragwerke, bei denen Zwängungen entstehen, wenn sich ein Auflager bewegen würde, heißen statisch unbestimmt. Wenn dies nicht passiert, sind sie statisch bestimmt. > Abb. 37

Statisch unbestimmt

Statisch bestimmt

Es erweisen sich beispielsweise Kragarm und Einfeldträger, auf die dieses Unterscheidungsmerkmal auch angewandt werden kann, als statisch bestimmte Systeme. In den folgenden Kapiteln werden weitere Tragsysteme erklärt, die statisch bestimmt oder unbestimmt sein können.

Die statische Bestimmtheit ist jeweils von Anzahl und Art der Auflager und der Anzahl der Gelenke abhängig. Durch das Einfügen von Gelenken kann ein statisch unbestimmtes System in ein statisch bestimmtes geändert werden. Dabei ist jedoch Vorsicht geboten, denn durch ein überzähliges Gelenk wird ein System instabil.

Dreifeldträger

Bei genauer Betrachtung eines Dreifeldträgers unter Gleichstreckenlast ist festzustellen, dass es zwei Gelenke bräuchte, damit sich jedes Auflager senken oder heben kann, ohne Zwängungen zu verursachen. Das heißt, es braucht zwei Gelenke, um ein statisch bestimmtes System

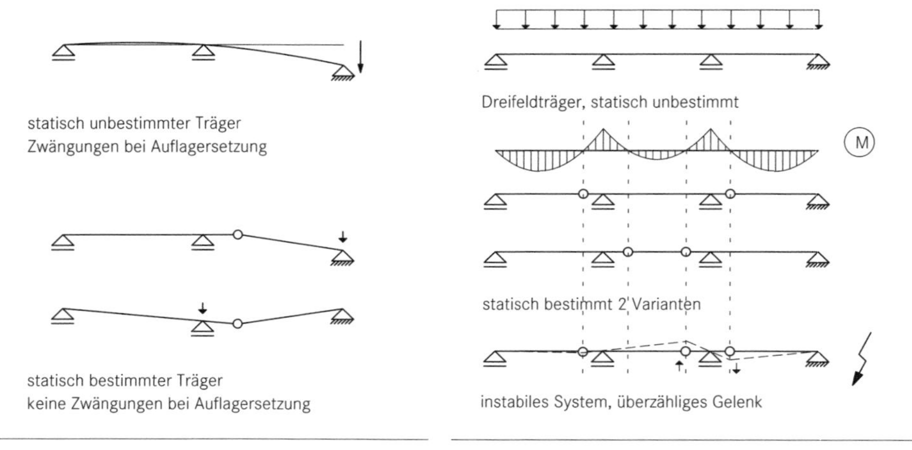

Abb. 37: Statische Bestimmtheit

Abb. 38: Anordnung von Gelenken

daraus zu machen. Im Momentenverlauf zeigen sich vier Momentennullpunkte. Es gibt daher mehrere Möglichkeiten, die Gelenke in diesen Punkten anzuordnen. > Abb. 38

Was unterscheidet statisch unbestimmte von statisch bestimmten Systemen in der Praxis? Statisch unbestimmte Systeme bieten eine etwas höhere Sicherheit, was mit dem oben beschriebenen Unterscheidungsmerkmal zusammenhängt. Sollte beispielsweise ein Auflager eines Durchlaufträgers ausfallen, besteht die Chance, dass das Bauteil nicht einstürzt, weil sich der Träger noch auf die verbliebenen Auflager abstützen kann. Bei einem statisch bestimmten System wie einem Einfeldträger wäre dies nicht der Fall. Statisch unbestimmte Systeme lassen sich außerdem nicht mehr anhand der drei Gleichgewichtsbedingungen berechnen. Es werden dafür aufwendigere Berechnungsmethoden benötigt.

UNTERSPANNTER TRÄGER

Die Spannweite ist das wichtigste Kriterium für die Auswahl eines Tragwerks. Jeder möglichen Konstruktion kann man einen sinnvollen Spannweitenbereich zuordnen, bei deren Überschreitung das Konstruktionssystem zwar immer noch funktionieren kann, aber unwirtschaftlich wird. Bei ungefähr 5–6 m endet beispielsweise der Bereich, in dem einfache Holzbalken wirtschaftlich einsetzbar sind. Bei größerer Spannweite werden weitere Maßnahmen notwendig: Wenn es z. B. nicht möglich ist, eine Stütze darunter zu stellen, kann stattdessen eine Spreize eingebaut werden, > Abb. 39 die ihre Lasten durch eine Unterspannung zu den Auflagern hin abträgt. Das Zugband drückt die Spreize wie bei einem ge-

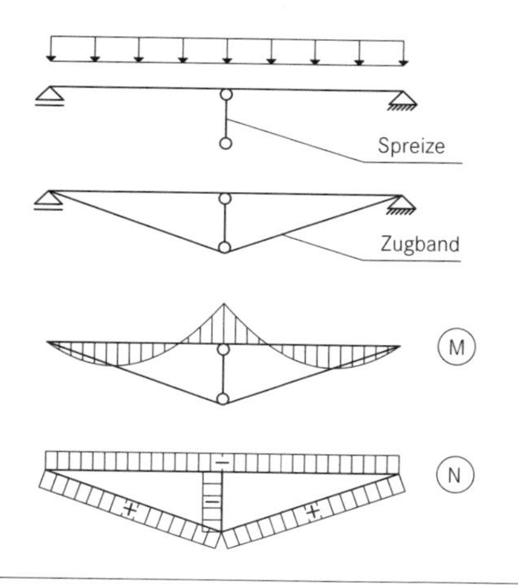

Abb. 39: Unterspannter Träger

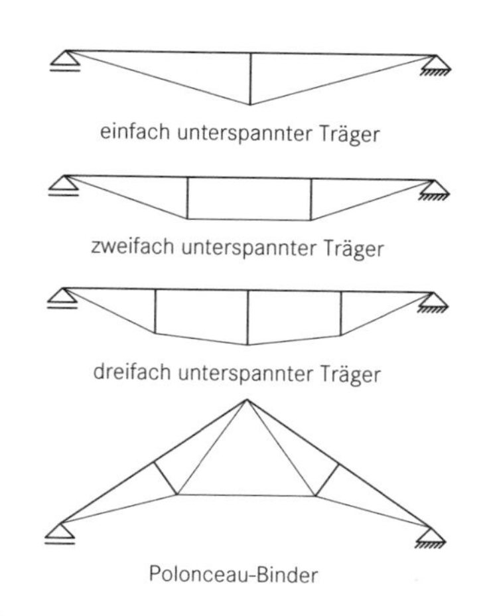

Abb. 40: Mehrfach unterspannte Träger

spannten Bogen nach oben. Sie wirkt daher wie eine Stütze, obwohl sie nicht bis zum Boden reicht. Dieses System nennt sich unterspannter Träger.

Es ist möglich, einen Träger auch zweifach oder dreifach zu unterspannen. > Abb. 40 Dadurch lässt sich die Spannweite noch weiter erhöhen, wobei auch die Kräfte in den Bauteilen dementsprechend ansteigen. Wie sind die Einzelteile des unterspannten Trägers belastet? Die Spreize wird auf Druck beansprucht, denn sie stützt den Träger. Auf die Unterspannung, die meist aus Stahlstäben besteht, wirkt eine Zugkraft, und der ursprünglich nur biegebeanspruchte Träger erhält als Gegenkraft zu dieser Zugkraft zusätzlich Druck.

Mit Hilfe von Spreizen und Unterspannungen lassen sich auch kompliziertere Systeme konstruieren. Ein Beispiel ist der nach seinem Erfinder benannte Polonceau-Dachbinder. > Abb. 40 unten

Jean B.-C. Polonceau, 1813–1859

Was mit dem unterspannten Träger erreicht wird, könnte man folgendermaßen zusammenfassen: Aus dem einfachen Balken wird ein komplexes System, das die Lasten nicht nur durch Aufnahme von Biegemomenten bewältigt, sondern als Druck und Zug in verschiedenen Bauteilen mit einem großen Abstand zueinander abträgt. Der obere Träger wird nicht mehr hauptsächlich durch Biegung, sondern durch Druck beansprucht, und die Unterspannung trägt die Zugkräfte ab. Bei der Erläuterung des Biegemoments wurde vom Hebelarm der druckbelasteten Querschnittsteile gegenüber den zugbelasteten gesprochen. Dieser Hebelarm ist hier deutlich vergrößert. Solche Systeme sind daher wesentlich leistungsfähiger. > Kap. Lasten und Kräfte, Bemessung

Abb. 41: Fachwerkkonstruktionen aus Stahl

FACHWERK

Ein unterspannter Träger mit mehr als drei Spreizen ist wenig sinnvoll. Werden die Spreizen jedoch in jedem Abschnitt einzeln abgefangen, entsteht ein neues System, das wesentlich weiter spannen kann. Man bezeichnet es als Fachwerkträger. Meistens werden bei Fachwerkträgern die zugbelasteten Teile nicht aus Seilen oder Stäben, sondern aus Holz- oder Stahlprofilen konstruiert. Fachwerke sind sehr häufig verwendete und leistungsfähige Systeme, die je nach Anforderung der Situation angepasst werden können. Sie sind in fast jedem Material ausführbar, und die Anordnung der Stäbe kann sehr unterschiedlich sein. > Abb. 42

Zugdiagonale

In den bisher besprochenen Beispielen sind die Diagonalen, dem unterspannten Träger entsprechend, als zugbelastete Stäbe ausgeführt. Es ist aber genauso gut möglich, die Stäbe genau anders herum einzubauen.

Druckdiagonale

Sie werden dann auf Druck belastet. Um die Kraftrichtung der Diagonalen zu erkennen, hilft die Fragestellung, ob sie in Richtung eines Bogens,

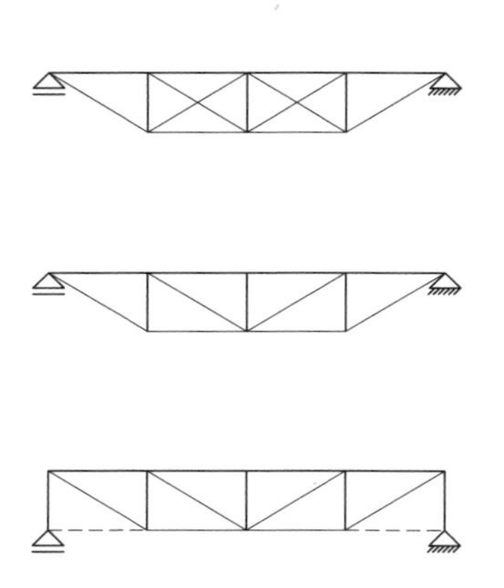

Abb. 42: Unterspannter Träger – Fachwerkträger

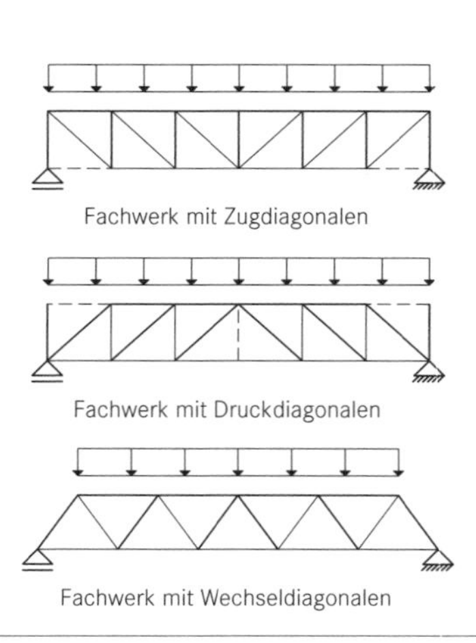

Abb. 43: Diagonalstäbe am Fachwerkträger

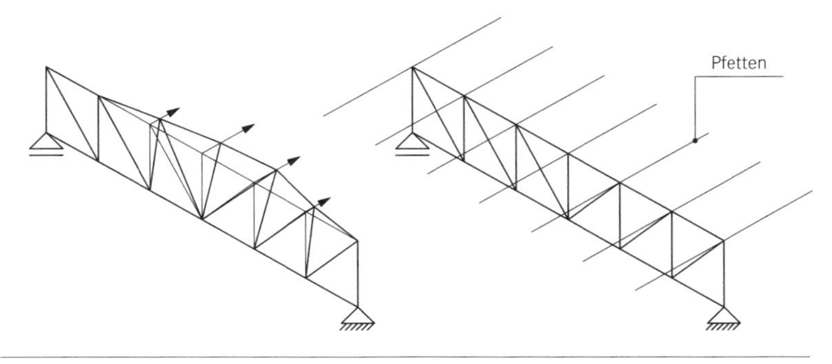

Abb. 44: Halterung des knickgefährdeten Obergurts durch Pfetten

als Ersatz für diesen Träger, mit Druckkräften oder in Richtung eines durchhängenden Seils mit Zugkräften beansprucht sind. Es ist auch möglich, Fachwerkträger nur mit diagonalen Stäben in wechselnder Richtung zu konstruieren. Das Bild des Trägers ändert sich dann in der Mitte nicht. Die Stäbe der einen Richtung sind zug-, die in die andere druckbelastet, und in der Mitte des Trägers tauschen die Profile die Belastung aus, während ihre Anordnung gleich bleibt.

Wechseldiagonale

Es gibt einzelne Stäbe in Fachwerkträgern, die bei genauer Betrachtung gar nicht direkt am Lastabtrag beteiligt sind. Sie sind weder Druck- noch Zugstäbe und werden daher als Nullstäbe bezeichnet. Trotzdem können sie meist nicht weggelassen werden, weil sie aus konstruktiven Gründen notwendig sind. Das kann bedeuten, dass sie den Umriss des Trägers ergänzen oder ihn in seiner Lage sichern. In den Abbildungen sind Druckstäbe dick, Zugstäbe dünn und Nullstäbe gestrichelt dargestellt. > Abb. 43

Nullstäbe

Die Höhe und Länge eines Fachwerkträgers wird entsprechend der Spannweite berechnet. Seine Breite ist jedoch nur abhängig vom jeweils gewählten Trägerprofil, welches im Vergleich zur Gesamtlänge meist sehr schmal ist. Besonders das druckbelastete obere Profil, der sogenannte Obergurt, ist deshalb knickgefährdet. > Abb. 44

Obergurt

Dieses Problem ist auf unterschiedliche Weise lösbar. Einerseits kann der Obergurt fest mit einer daraufliegenden Decke bzw. längslaufenden Deckenträgern verbunden sein und dadurch am Ausweichen gehindert werden. Andererseits kann er selbst auch als ein knicksteifer Träger ausgebildet werden: Wenn man zum knickgefährdeten Obergurt einen zweiten hinzufügt und zwischen beiden mit Diagonalstreben ebenfalls eine

Pfetten

Dreigurtbinder

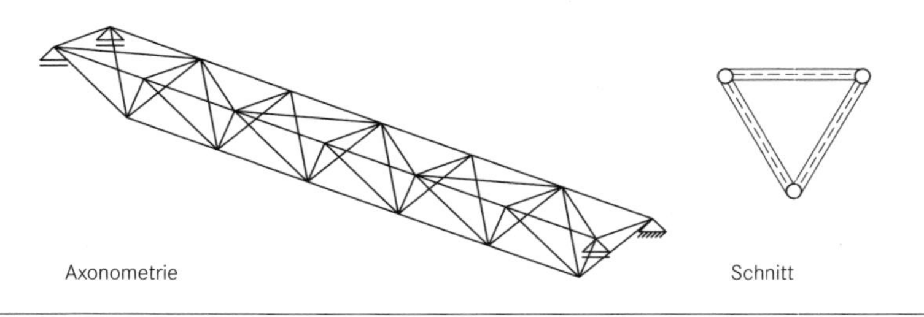

Abb. 45: Dreigurtbinder

Art Fachwerk einbaut, entsteht ein in jeder Richtung steifes Tragelement, der sogenannte Dreigurtbinder. > Abb. 45

PLATTE

Bei Holz- oder Stahlkonstruktionen handelt es sich fast immer um gerichtete Systeme, d. h., dass durch die stabförmigen Profile der Lastabtrag immer in eine Richtung erfolgt. Beton dagegen ermöglicht statisch ungerichtete, flächige Bauteile.

Stahlbeton

Grundsätzlich kann zum Tragverhalten von Stahlbeton Folgendes gesagt werden: Beton als künstlicher Stein aus Zement, Wasser und Zuschlägen wie Kies oder Splitt kann sehr gut Druckkräfte, aber, wie Mauerwerk, nur wenig Zugkräfte aufnehmen. Deshalb wird Beton meistens in Verbindung mit Stahl verwendet. In diesem Materialgefüge übernimmt der Beton das Abtragen der Druckkräfte und der Stahl das der Zugkräfte. In den vorangegangenen Kapiteln zu den unterschiedlichen Trägerarten wurde bereits erläutert, wo in Bauteilen Zugkräfte auftauchen. Genau dort wird im Stahlbeton die Bewehrung platziert, d. h., stabförmiger Stahl eingegossen. Bei Platten ist dies hauptsächlich an der Unterseite und in Randbereichen notwendig. Wird die Stahlbetonplatte wie ein Durchlaufträger eingesetzt, werden auch an der Oberseite Stahlbewehrungen eingebaut. Beim Betonieren einer Deckenplatte werden Stahlstäbe meistens in Form von kreuzweise verschweißten Matten eingelegt. Um im Verbund

Bewehrung

■ **Tipp:** Die Knotenpunkte von Fachwerkträgern sollten so konstruiert werden, dass sich die Profile – genauer gesagt, ihre Mittellinien – genau in einem Punkt treffen. Dadurch werden Kräfte vermieden, die den Knotenpunkt verdrehen und zusätzlich belasten würden.

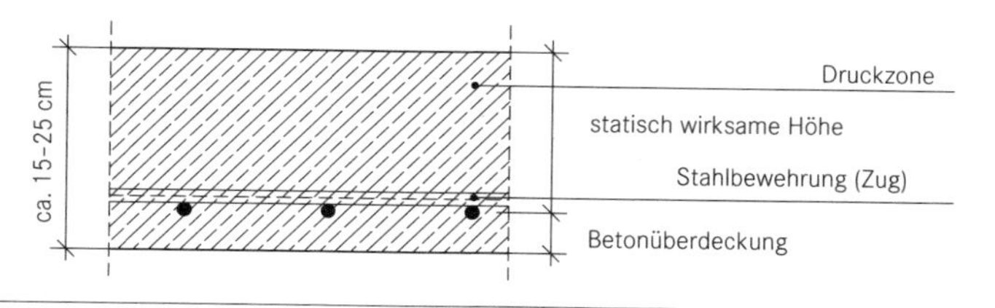

Abb. 46: Schnitt einer Stahlbetonplatte mit unterer Bewehrungslage

tragen zu können, sind sie allseitig von Beton umschlossen. Die notwendige Dicke einer Betondecke ist abhängig von der Spannweite und beträgt im Allgemeinen 15 bis 25 cm. > Abb. 46

Betonplatten sind fast die einzigen Bauteile, die richtungslos sein können. Über einem quadratischen Raum kann eine Betondecke ihre Lasten zu allen vier Wänden gleichzeitig abtragen. Bei einer rechteckigen Decke wird der Lastabtrag jedoch in erster Linie über die kurze Spannweite erfolgen, weil sie bei einem gleichmäßigen Durchhang stärker als die lange Spannweite gedehnt würde und deshalb dort auch größere Spannungen auftreten. Bei einer Betondecke, die doppelt so lang wie breit ist, fällt der Anteil der Lasten, die die lange Spannrichtung übernimmt, kaum mehr ins Gewicht. Die Bewehrung wird aber trotzdem nicht nur für die Haupttragrichtung eingelegt. Es wird auch immer in Querrichtung bewehrt, denn die flächige Wirkung bringt Vorteile. Punktlasten werden dadurch beispielsweise besser verteilt, wodurch die Kräfte in der Decke geringer bleiben.

Rippendecke

Je größer die Spannweite, desto größer ist die notwendige Deckendicke. Bei einer Deckendicke von über 25 cm wird das Eigengewicht der Decke jedoch so groß, dass sie als massive Flachdecke kaum mehr wirtschaftlich ist: An der Tragwirkung sind ja streng genommen nur der obere Deckenrand für die Druckspannung und die Stahlstäbe für die Zugspannung beteiligt. Die restliche Konstruktion stellt eigentlich nur den Verbund und ansonsten Auffüllung dar. Bei großen Deckendicken ist es daher sinnvoll, das Eigengewicht der Decke dadurch zu reduzieren, dass von der Unterkante bis zur wirksamen oberen Zone Bereiche ausgespart werden. Die Bewehrung liegt dann hauptsächlich in sogenannten Rippen, die einen engen Abstand zueinander haben. Eine Rippendecke kann daher wesentlich weiter spannen als eine Flachdecke.

Unterzüge

Eine andere Möglichkeit, große Spannweiten zu überbrücken, besteht im Einsatz von Unterzügen. Unterzüge werden nicht, wie Rippen, als Teil der Deckenfläche angesehen, sondern als Balken, auf die die Flachdecken aufgelegt werden. > Abb. 47 und 69, Seite 63

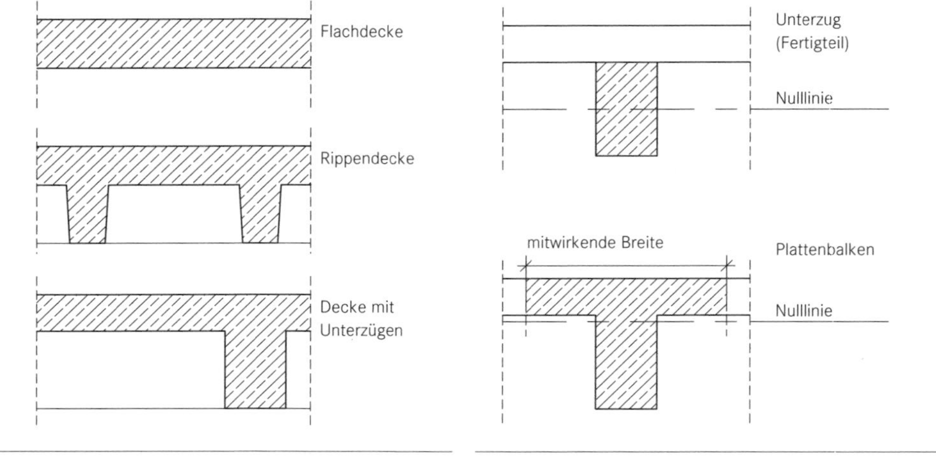

Abb. 47: Stahlbetondecken

Abb. 48: Plattenbalkenwirkung

Plattenbalken

Bei auf der Baustelle gegossenen Betonkonstruktionen (Ortbetonbau) nutzen Unterzüge die Vorteile, die die monolithische Konstruktionsweise mit sich bringt. Monolithisch bedeutet hier, dass alle Ortbetonbauteile, auch wenn sie in unterschiedlichen Etappen betoniert wurden, als eine durchgängige Konstruktion wirken. So wirken Unterzüge nicht nur mit der statischen Höhe bis zur Plattenunterkante, sondern nutzen deren Dicke mit. Darüber hinaus vergrößert der Teil der Platte beidseitig neben dem Balken zusätzlich die Druckzone. Man spricht in einem solchen Fall von einem Plattenbalken. > Abb. 48

STÜTZE

Im Gegensatz zu horizontalen Trägern werden Stützen kaum auf Biegung beansprucht, sondern in erster Linie durch Normalkraft. Für das Abtragen der Normalkraft würde ein sehr schlanker Stützenquerschnitt ausreichen, wenn nicht die Gefahr bestünde, seitlich auszuweichen und dadurch zu versagen.

Knicken

Schlanke Stützen sind knickgefährdet. Wie groß die Knickgefahr ist, hängt dabei von verschiedenen Faktoren ab. Wichtig sind die Lasten, das Material und die Schlankheit einer Stütze. Wie die obere und die untere Halterung von Stützen das Knickverhalten beeinflusst, hat der Schweizer Mathematiker Leonhard Euler (1707–1783) herausgefunden und dabei vier Fälle unterschieden, die nach ihm benannt sind. Die Euler-Fälle bezeichnen vier Möglichkeiten, nach denen Stützen eingespannt oder gelenkig gelagert sein können. Beim Knicken nehmen Stützen die Form einer Sinuskurve an. Die Art der Halterung der Stützen beeinflusst

Euler-Fälle

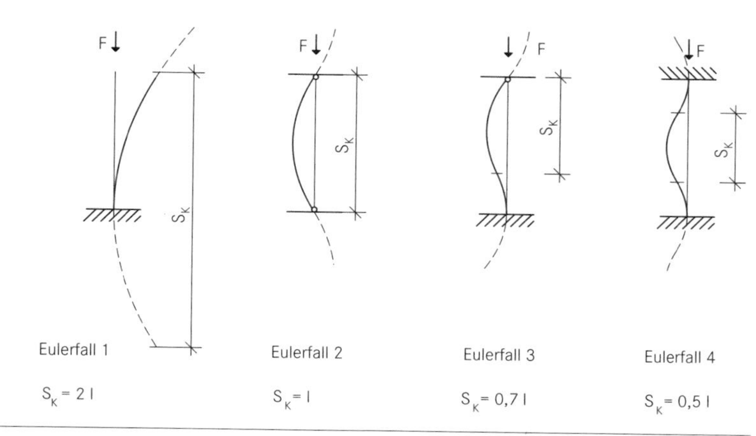

Abb. 49: Knicklänge von Stützen nach Euler

die Länge dieser Sinuskurve bzw. den Abstand ihrer Wendepunkte. Dies wiederum ist wichtig für die Stabilität der Stütze. Die Länge der Stütze unter Berücksichtigung der Verformungskurve wird als Knicklänge bezeichnet.

In der Abbildung 49 sind die vier Fälle bei gleicher Stablänge aufgeführt. Der Eulerfall 1 funktioniert nach dem Prinzip einer Fahnenstange: Die Verformungskurve ist sehr lang, was ungünstig für ihre Stabilität ist. Eulerfall 2 entspricht einer Stütze, die oben und unten gelenkig gehalten ist. Dieser Fall tritt sehr häufig auf, und seine Verformungskurve bzw. seine Knicklänge ist kürzer. Die Stütze ist daher stabiler. Bei Eulerfall 3 ist die Stütze einseitig eingespannt. Diese Einspannung verhindert dort das Verdrehen der Stütze und verkürzt dabei die Länge der Sinuskurve oder, anders gesagt, die Knicklänge. Der Eulerfall 4 mit einer oberen und unteren Einspannung bedingt die kürzeste Knicklänge der Stütze und ist folglich die stabilste Variante. ○

○ **Hinweis:** Das Knickverhalten von Stützen nach Euler setzt ein druck- und zugfestes Material wie Stahl oder Holz voraus. Für die Bemessung von Stützen aus Mauerwerk oder Beton ist das Verfahren nicht geeignet.

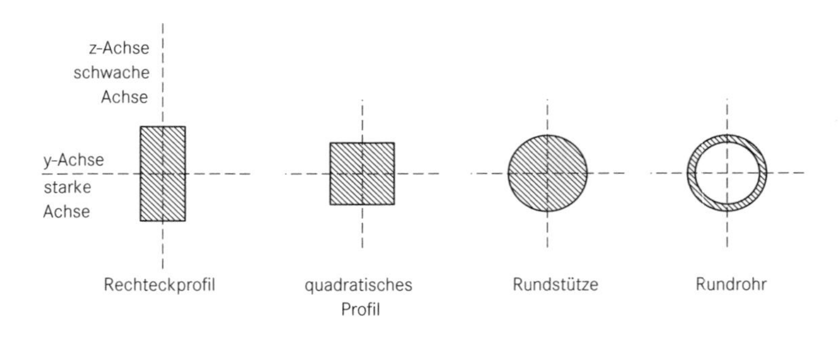

Abb. 50: Stützenprofile

Schlankheit

Eine weitere wichtige Einflussgröße für die Stabilität einer Stütze ist ihre Schlankheit. Dabei liegt die Vermutung nahe, dass Schlankheit das Verhältnis aus der Stützenlänge zu ihrem Dickenmaß meint. Das ist aber nicht der Fall: Es geht nicht ihre Dicke, sondern ihre Stabilität als Beziehung aus Trägheitsmoment und Querschnittsfläche in die Rechnung ein; und es ist andererseits auch nicht die Länge der Stütze, sondern die eben erläuterte Eulersche Knicklänge, die ausschlaggebend ist. Die Schlankheit einer Stütze ist also das Verhältnis ihrer Knicklänge zu ihrer Biegesteifigkeit.

Anhand dieser Faktoren, die in die Berechnung von Stützen eingehen, können theoretische Aussagen zu ihrer optimalen Form getroffen werden:

Stützen, die nur vertikal belastet sind, können in jede Richtung ausknicken. Sie werden allerdings in die Richtung ausknicken, in der sie am wenigsten Biegesteifigkeit besitzen. Deshalb sollten Stützen in jede Richtung gleich stabil sein, was bei einer quadratischen oder, besser noch, einer kreisrunden Stütze der Fall wäre.

Die Biegesteifigkeit mit Bezug zum Trägheitsmoment lässt außerdem weitere Rückschlüsse auf den optimalen Querschnitt zu. Angesichts der Spannungsverteilung einer ausknickenden Stütze wird deutlich, dass die Flächenteile, die weit von der Spannungsnullebene bzw. dem Mittelpunkt der Stütze entfernt sind, die wirksamsten sind. Bei Rohren sind die weniger wirksamen mittleren Flächenteile ausgespart. Bei ihnen ist das Material möglichst weit vom Mittelpunkt entfernt angeordnet. Daraus lässt sich ableiten, dass ein Rohr, am besten ein Rundrohr, die optimale Stütze darstellt.

Diese Herleitung ist sehr theoretisch und soll nur die Beanspruchung einer Stütze erläutern, denn schließlich gibt es viele weitere Einflussfaktoren beim Konstruieren, die Beachtung finden müssen. > Abb. 50 und 51

Abb. 51: Massive Säule, filigrane Flachwerkstütze, Stahlstütze

SEIL

Seillinie

Seile gehorchen keiner der Gesetzmäßigkeiten, die in den vorangegangenen Kapiteln erläutert wurden. Ist ein Seil Teil eines Tragwerks, hängt es entsprechend der angehängten Last bzw. seinem Eigengewicht durch und ändert seine Form bei jeder Laständerung. Es kann Biegemomenten keinen Widerstand leisten und nimmt immer die Form ein, in der nirgends ein Moment entsteht. Diese Form entspricht genau dem Verlauf der Biegemomente eines Trägers anstatt des Seils. Die sogenannte Seillinie entspricht also dessen Momentenverlauf. > Abb. 52

Durchhang

Ein zweiter wichtiger Unterschied zu den bisher behandelten Tragwerken ist die Tatsache, dass Seiltragwerke immer auch horizontale Auflagerkräfte haben. Seile tragen alle Lasten als Normalkraft ab, d. h., die Seilkraft und dementsprechend auch die Auflagerreaktionskraft haben genau die Richtung des Seils am Auflager. Nur wenn es senkrecht hinge, wäre auch die Auflagerreaktion ausschließlich vertikal. > Abb. 13, Seite 20 In Abbildung 53 läßt sich beim Vergleich der zwei Seile erkennen, dass der vertikale Anteil der Seilkraft, der der Größe der Lasten entspricht, gleich bleibt, während sich der horizontale mit dem Winkel des Seils, also mit dessen Durchhang, verändert. Was jeder schon an einer straffen oder schlaffen Wäscheleine erfahren hat, stellt eine wichtige Einflussgröße für alle Seiltragwerke dar: Wenig Durchhang bedeutet eine große Seilkraft, viel Durchhang dagegen eine kleine.

Seilkraft

Wenn ein Seil die gleichen Lasten wie ein Biegeträger aufnehmen muss, besitzt es ihm gegenüber eine wesentlich größere Leistungsfähigkeit, weil es die Lasten nur als Zugkräfte abträgt. Leistungsfähigkeit meint hier, dass die gleichen Lasten mit einem wesentlich leichteren Tragwerk abgetragen werden können.

Aber warum verwendet man sie dann nicht viel häufiger? Seiltragwerke haben in der praktischen Anwendung ihre Tücken. Die starken

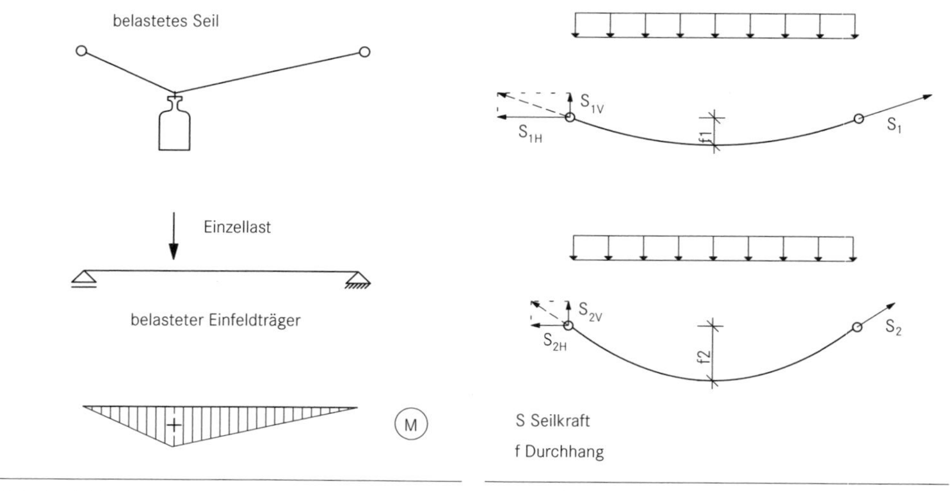

Abb. 52: Seillinie – Momentenlinie

Abb. 53: Abhängigkeit der Seilkraft vom Durchhang

Verformungen, die sie zulassen, verursachen bei Bauwerken große Schwierigkeiten. Unkontrollierte Bewegungen – Flattern bei Wind beispielsweise – müssen unbedingt unterbunden werden, um große dynamische Belastungen zu vermeiden. Seiltragwerke müssen daher in jedem Fall formstabil sein, was mit unterschiedlichen Methoden erreicht werden kann. Eine Möglichkeit besteht darin, das Seiltragwerk so zu beschweren, dass mögliche Lastwechsel oder Windbelastungen gegenüber dem Eigengewicht der Konstruktion gering bleiben. Diese Lösung bietet sich beispielsweise bei Hängedächern an.

○ **Hinweis:** Die Seile der Seiltragwerke bestehen aus hochfestem Stahl. Viele dünne Stahldrähte, deren Durchmesser je nach Seilart variiert, sind zu Litzen miteinander verdreht. Diese Litzen werden dann ihrerseits zu Seilen zusammengefügt.

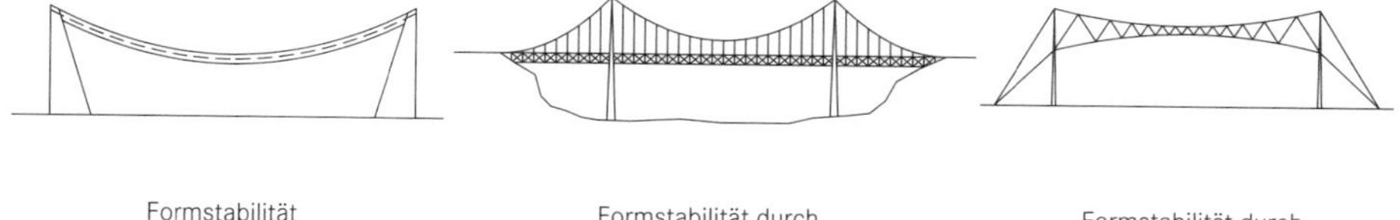

Abb. 54: Aussteifung von Seiltragwerken

Der Nachteil dabei ist, dass durch die zusätzlichen Lasten – meistens wird Beton benutzt – die Vorteile des Seiltragwerks eigentlich wieder verloren gehen und außerdem entsprechend größere Seilkräfte abgetragen werden müssen.

Eine weitere Lösung stellt das Aussteifen durch biegesteife Bauteile dar. Bei Hängebrücken beispielsweise wird die abgehängte Fahrbahn so biegesteif ausgeführt, dass dadurch die gesamte Brücke ausgesteift wird.

Außerdem kann ein Seiltragwerk auch durch das Gegenspannen von zusätzlichen Seilen ausgesteift werden. Dies kann auf unterschiedliche Weise erfolgen: Es lassen sich zweidimensionale Träger herstellen, z. B. Jawerth-Träger, die an Fachwerke erinnern könnten, aber nichts mit ihnen gemeinsam haben. Alle Seile solcher Träger sind durch eine Vorspannung so stark auf Zug belastet, dass auch bei höchster Belastung kein Seil erschlafft. Die Konstruktion bleibt dadurch formstabil und tragfähig. > Abb. 54
In dreidimensionalen Flächentragwerken aus Seilnetzen wird die Steifigkeit des Systems durch Vorspannung gegensinnig gekrümmter Flächen erreicht. > Kap. Tragwerke, Flächentragwerke

BOGEN

Stützlinie

Wenn ein belastetes Seil verfestigt und umgedreht wird, erhält man die Form, die die Lasten nicht durch Zugkräfte, sondern als Druckkräfte abträgt. Sie stellt die optimale Bogenform dar, denn Kennzeichen eines Bogens sollte sein, dass er wie das Seil die Lasten nur als Normalkräfte abträgt. Diese rechnerisch oder anhand einer zeichnerischen Methode ermittelbare optimale Form heißt Stützlinie.

Stichmaß

Bogen und Seil haben aber noch weitere Gemeinsamkeiten. Auch der Bogen leitet in beiden Auflagern Vertikal- und Horizontalkräfte ab, und wie beim Seil hängt die Bogenhöhe, das sogenannte Stichmaß, mit der Größe der Horizontalkräfte zusammen: Je flacher der Bogen, desto

Abb. 55: Bogentragwerke

■ größer ist der Anteil der Horizontalkräfte, die als Druckkräfte wirken und
○ Bogenschub genannt werden. > Abb. 56

Der wesentliche Unterschied zwischen Seil und Bogen liegt darin, dass der feste Bogen einem Lastwechsel nicht wie ein Seil durch Formänderung folgen kann. Eine Stützlinie als exakte Bogenform gilt nur für eine einzige Laststellung. Verändert sich die Last, verändert sich auch die Stützlinie. Bei einem Bogen entstehen dadurch neben der Normalkraft zusätzlich Biegemomente. Es gibt verschiedene Möglichkeiten, wie Bogenkonstruktionen diesem Problem begegnen können.

Bögen aus Mauerwerk besitzen meist ein großes Eigengewicht. Dadurch, dass die Nutzlast im Vergleich zur Eigenlast klein ist, hat ihre Veränderung auch nur wenige Konsequenzen für die Stützlinie. Der Bogen bleibt standfest. Bögen können außerdem durch zusätzliche Bauteile ausgesteift werden. Wenn beispielsweise auf eine Bogenkonstruktion wandartig aufgemauert wird, hindert diese Aufmauerung den Bogen daran, sich zu verformen oder seine Tragfähigkeit zu verlieren. Es ist auch möglich, Bögen aus biegesteifem Material wie Brettschichtholz oder Stahl herzustellen. Dabei muss die statische Höhe des Bogenträgers groß

■ **Tipp:** Echte Bogentragwerke dürfen nicht mit bogenförmigen Biegeträgern verwechselt werden. Ein Bogen, dessen Horizontalkräfte nicht von beiden Auflagern aufgenommen werden, kann seine Lasten nur über Biegung abtragen.

○ **Hinweis:** Bogentragwerke entstammen dem Mauerwerksbau. Weil Mauerwerk nur Druckkräfte aufnehmen kann, müssen alle Öffnungen mit Bögen überspannt werden. Bei alten Mauerwerksbauten lassen sich viele raffinierte Bogentragwerke und ein geschickter Umgang mit dem Bogenschub studieren.

Weitere Informationen zu Mauerwerksbögen sind in *Basics Mauerwerksbau* von Nils Kummer, erschienen im Birkhäuser Verlag, Basel 2007, zu finden.

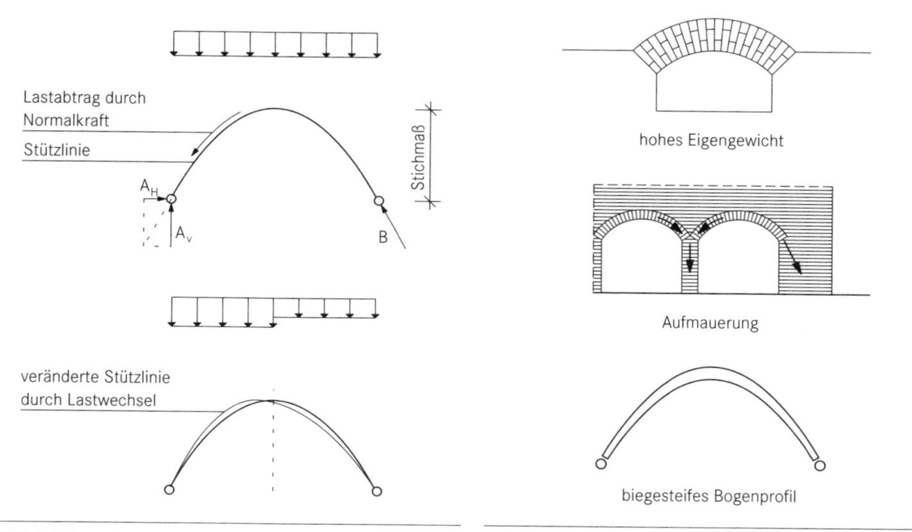

Abb. 56: Lastabtrag von Bogentragwerken

Abb. 57: Aussteifung von Bogentragwerken

genug gewählt werden, um die Momente zusätzlich zu den Normalkräften aufnehmen zu können. > Abb. 57

Bei Bögen unterscheidet man drei unterschiedliche statische Systeme: Zweigelenk-, Dreigelenk- und eingespannte Bögen.

Zweigelenkbogen

Ein Zweigelenkbogen hat gelenkige Auflager. Sie nehmen jeweils Horizontal- und Vertikalkräfte, aber keine Momente auf. Die Frage, was bei einem Absenken eines Auflagers passieren würde, zeigt, dass es sich dabei um ein statisch unbestimmtes System handelt.

Dreigelenkbogen

Durch das Einfügen eines Gelenkes, meist im Scheitelpunkt des Bogens, lässt sich dieses statisch unbestimmte in ein statisch bestimmtes System umwandeln. Für das Tragverhalten hat das kaum Konsequenzen, bautechnisch aber den Vorteil, dass ein Bogen in zwei Teilen leichter transportabel ist. Das Gelenk entsteht dadurch, dass die beiden Bogenteile im Scheitel dann einfach gegeneinander gelehnt und verschraubt werden.

Eingespannter Bogen

Durch das Einspannen der Auflager wird ein Bogen steifer, weil die Einspannungen ein Verdrehen durch Biegemomente verhindern. Diese Wirkung kann mit jener auf Stützen verglichen werden, die entweder nach Eulerfall 2 oder 4 gelagert sind: Auch ihre Einspannung bewirkt größere Steifheit. Eingespannte Bögen sind statisch unbestimmt. Sie kommen

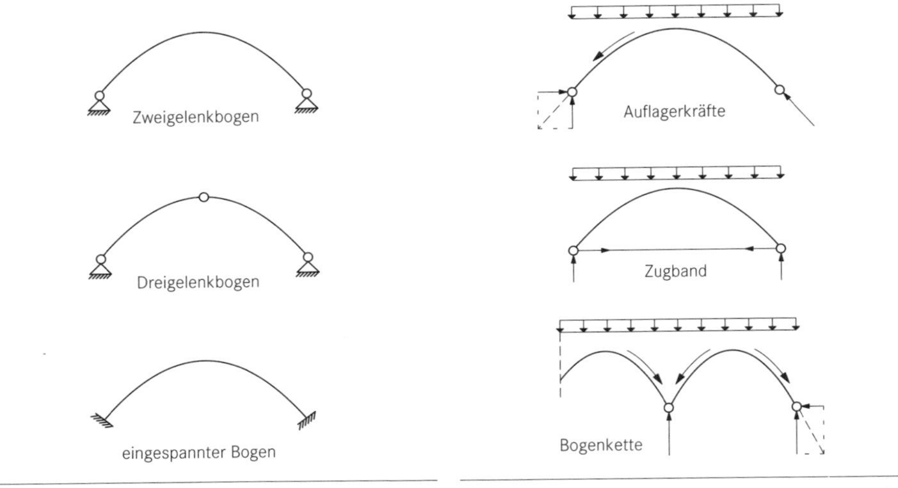

Abb. 58: Statische Systeme von Bogentragwerken

Abb. 59: Horizontaler Lastabtrag bei Bogentragwerken

sehr selten vor, weil eine wirksame Einspannung eine sehr aufwendige Konstruktion darstellt. > Abb. 58

Bogenschub

Es gibt verschiedene Möglichkeiten, mit den entstehenden Horizontalkräften umzugehen. Einerseits können die Auflager so konstruiert werden, dass sie das Ableiten des Bogenschubs erlauben. Andererseits kann zwischen die Auflager auch ein Zugstab gespannt werden, der die Horizontalkräfte des einen mit denen des anderen Auflagers ausgleicht. Werden mehrere Bögen aneinander gebaut, heben sich an den gemeinsamen Auflagern die Horizontalkräfte aus beiden Richtungen auf, so dass nur noch Vertikalkräfte abzutragen sind. > Abb. 59

RAHMEN

Ein einfaches Tragsystem besteht aus zwei Stützen, über die ein Träger, auch Binder genannt, gelegt wird. Dieses System ist jedoch nicht stabil, solange die Stützen oben und unten gelenkig gelagert sind. Standfestigkeit kann dadurch erreicht werden, dass der horizontale Träger mit den Stützen biegesteif verbunden wird. Es entsteht ein leistungsfähiges System, der sogenannte Rahmen.

Riegel
Stiel

Bei Rahmen heißen die horizontalen Träger Riegel und die Stützen Stiele. Wenn Riegel und Stiele biegesteif miteinander verbunden sind, verhalten sie sich so, als liefe der Träger „um die Ecke“. Wenn sich der

Abb. 60: Rahmenecken Stahlbau

Riegel unter Last biegt, leitet er die Biegung daher auch in die Stiele weiter. Diese würden nach außen ausweichen, wenn sie nicht im Auflager unverschieblich gehalten wären. Die Auflager leisten dadurch der Verformung Widerstand und bewirken ein Zusammenspannen des Rahmens. Über die Stiele wird auch die Durchbiegung des Riegels eingeschränkt. Er verhält sich deshalb nicht wie ein Einfeldträger über die gleiche Spannweite, sondern erfährt eine teilweise Einspannung.

Dies wird auch anhand des Momentenverlaufs deutlich. Kennzeichnend für Rahmen ist das Stützmoment in den Rahmenecken, das durch die einspannende Wirkung der Stiele erzeugt wird. Es reduziert das Feldmoment des Rahmenriegels. Der Vorteil für die Tragfähigkeit gleicht dem eines Durchlaufträgers gegenüber einem Einfeldträger. Durch das Stützmoment wird das Feldmoment reduziert, wodurch der Träger kleiner dimensioniert werden kann. > Abb. 61

Es wird aber auch deutlich, dass die Rahmenecken durch die Stützmomente hoch belastet sind. Sie müssen sorgfältig konstruiert werden, damit sie die erforderliche Biegesteifigkeit besitzen. Um möglichst einfache Bauteile vorfertigen zu können, liegt es nahe, Riegel und Stiele getrennt herzustellen und erst auf der Baustelle zu verbinden. Dadurch wird das Problem der biegesteifen Ecke verschärft. Die biegesteifen Ecken bringen jedoch einen weiteren wesentlichen Vorteil für das System: Eingangs wurde gesagt, dass durch die biegesteifen Ecken der Rahmen überhaupt erst ein stabiles System wird. Er ist durch sie in Längsrichtung ausgesteift, und dies ist für Skelettkonstruktionen eine wichtige Eigenschaft. Ein Rahmen hat im statischen System ähnliche Wirkung wie eine geschlossene Wandscheibe und kann zur Aussteifung von Bauwerken herangezogen werden. > Abb. 61 und Kap. Tragwerke, Aussteifungskonstruktionen

Zweigelenkrahmen

In Abbildung 59 sind die gezeigten Rahmen mit zwei gelenkigen Auflagern dargestellt. Sie heißen daher Zweigelenkrahmen und stellen vergleichbar mit Zweigelenkbögen ein statisch unbestimmtes System dar.

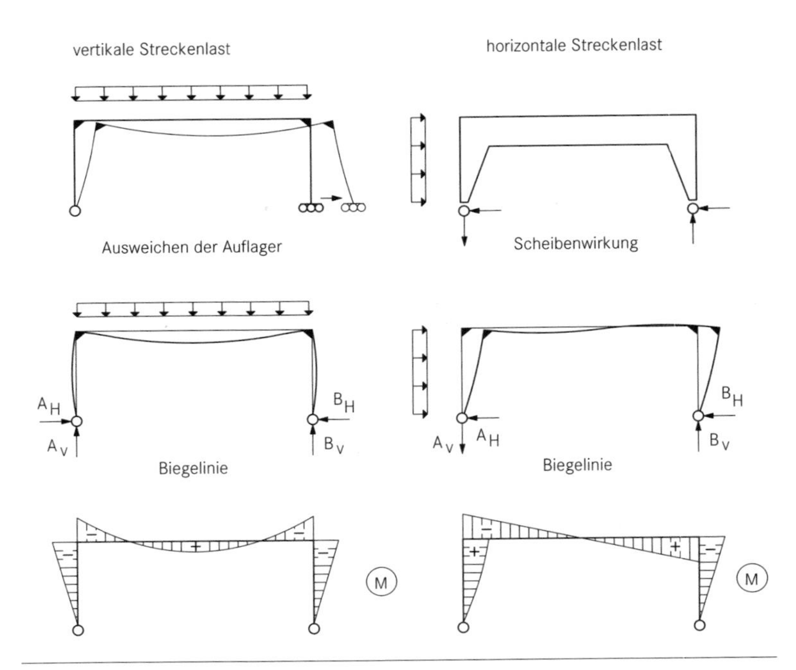

Abb. 61: Rahmen unter vertikaler und horizontaler Streckenlast

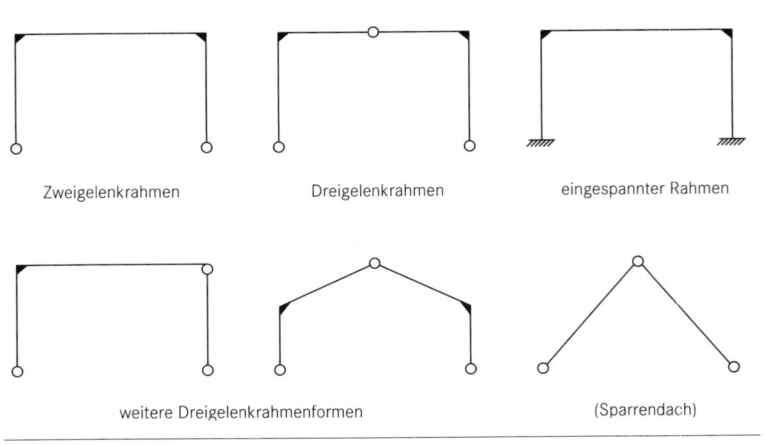

Abb. 62: verschiedene Rahmenformen

Bei Rahmen wie bei Bögen kann noch ein weiteres Gelenk eingefügt werden, wodurch das System ein statisch bestimmtes wird. Dadurch verändert sich die Tragfähigkeit zwar kaum. Die Konstruktion kann aber unter Umständen davon profitieren, zumal dieses dritte Gelenk sehr unterschiedlich positioniert werden kann. Es kann in der Mitte, im First oder auch in einer Ecke des Rahmens liegen. Weil im Gelenk die Biegemomente gleich Null sind, lässt sich die Konstruktion an dieser Stelle filigraner als in den Bereichen mit großen Biegemomenten ausführen.

Dreigelenkrahmen

Die Steifigkeit von Rahmen lässt sich durch das Einspannen der Stiele in die Auflager noch weiter erhöhen. Sie heißen dann eingespannte Rahmen, werden jedoch selten verwendet, weil das Einspannen der Stiele großen Aufwand erfordert. > Abb. 62

Eingespannte Rahmen

Tragwerke

Gebäude sind komplexe dreidimensionale Gefüge, deren Tragwerk zunächst unüberschaubar und schwierig analysierbar scheint. Grundsätzlich lassen sich jedoch alle Konstruktionsarten von zwei Prinzipien ableiten: dem Massivbau und dem Skelettbau. Diese beiden Prinzipien werden seit den frühesten Anfängen des Bauwesens verwendet, und alle Techniken, die bis heute erfunden wurden, gehorchen ihnen. Dabei gelten die gleichen Regeln für archaische Lehmhütten oder Pfahlbauten wie für komplexe Systeme der modernen Bauindustrie. In Abbildung 63 ist ein Beispielgrundriss für Massivbau, für Skelettbau und einige Mischkonstruktionen abgebildet.

MASSIVBAUWEISE

Massivbauten bestehen aus flächigen Bauteilen, welche die vertikalen und horizontalen Lasten abtragen. Wandartige Scheiben können vertikal und in ihrer Längsrichtung auch horizontal belastet werden. Dagegen sind sie in Querrichtung, also über ihre Fläche, kaum tragfähig. > Abb. 64 Scheiben bzw. Wände können auf unterschiedliche Art versagen: Sie können beulen, knicken oder umfallen. Nach dem Prinzip der Massivbauweise werden sie davor geschützt, indem sie in bestimmten Abständen durch andere Wände, die an sie anschließen oder sie kreuzen, ausgesteift werden. Die Wände stützen sich gegenseitig, dies macht einen Massivbau zur standfesten Konstruktion. Solch ein Gefüge wird auch als Raumzellenbauweise bezeichnet. Dabei wird zwischen tragenden, aussteifenden und nichttragenden Wänden unterschieden. Nichttragende Wände können ohne Konsequenzen für die Standsicherheit wieder entfernt werden. Aussteifende Wände gelten nach Norm auch als tragend. Tragende Wände haben in der Regel eine größere Dicke, die das Abtragen der Deckenlasten ermöglicht.

Scheibe

Raumzellenbauweise

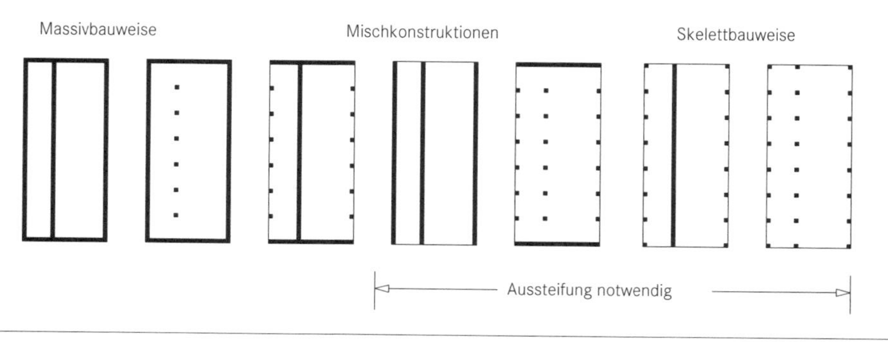

Abb. 63: Beispielgrundriss für Massiv-, Skelett- und Mischkonstruktion

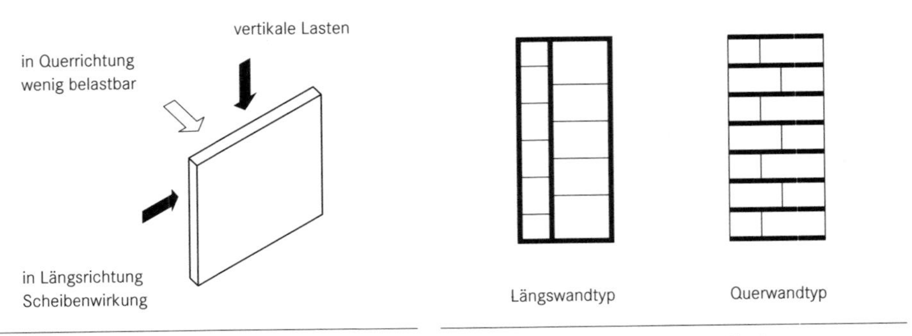

Abb. 64: Statische Systeme von Bogentragwerken

Abb. 65: Richtung der tragenden Wände

Längswandtyp

Man teilt Massivbauten in Längs- und Querwandtyp ein. Gibt es ein oder zwei tragende Mittelwände parallel zu den Längsseiten des Gebäudes, spricht man von einem Längswandtyp, nach dessen Prinzip beispielsweise die meisten einfachen, städtischen Wohnhäuser errichtet sind. Der Querwandtyp, der auch als Schottenbauweise bezeichnet wird, eignet sich unter anderem für Hotelbauten oder Reihenhäuser, bei denen in erster Linie kleine Räume gefordert sind. Die Unterscheidung in diese beiden Typen ist bei der Verwendung von Holzbalken- oder Betonfertigteildecken mit einachsiger Spannrichtung möglich. Bei der Verwendung von Betondecken, die ihre Lasten in mehrere Richtungen abtragen, werden in der Regel Längs- und Querwände tragend ausgebildet. > Abb. 65

Querwandtyp

○ **Hinweis:** Die Begriffe Massivbau und Skelettbau bedeuten für Architekten und Tragwerksplaner nicht dasselbe. Was hier erklärt wurde, gehört in den Sprachgebrauch des Architekten, der von der Geometrie und Struktur ausgeht. Für einen Bauingenieur ist Massivbau ein eigenständiges Fachgebiet, in dem es um Mauerwerk und Stahlbetonbau geht. Tragwerksplaner knüpfen den Begriff Massivbau also eher an das Material.

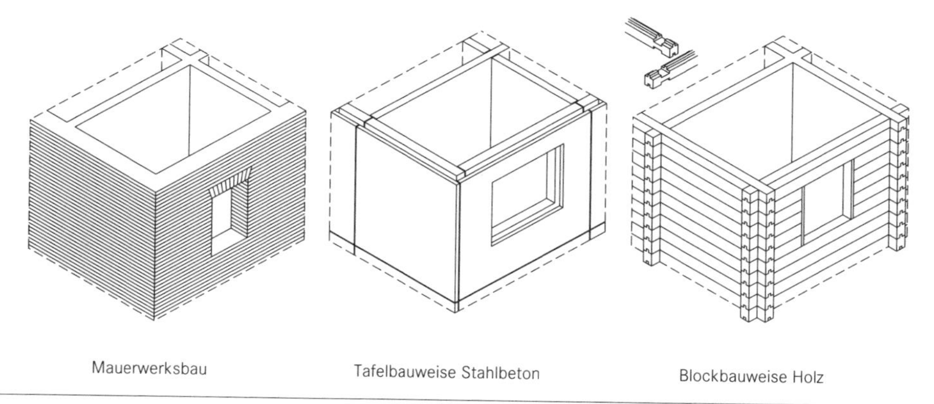

Abb. 66: Konstruktionen aus unterschiedlichen Materialien in Massivbauweise

Die originäre Massivbaukonstruktion ist der Mauerwerksbau. Gemauerte Wände können keine Zugspannungen aufnehmen und müssen ihrer Höhe, Länge und Dicke entsprechend ausgesteift werden. Zugspannungen werden am besten durch einen klaren Lastabtrag ohne Auskragungen, Abfangungen oder breite Öffnungen vermieden.

Mauerwerk

○

Im Kapitel Platten wurde erläutert, dass Stahlbeton mit Hilfe seiner Bewehrung auch Zugkräfte aufnehmen kann. Dadurch sind Betonwände wesentlich stabiler und standfester als Mauerwerkswände. Massivbauten aus Beton können deshalb mit deutlich mehr Freiheiten bezüglich Raumgrößen, Spannweiten, Öffnungsgrößen und Komplexität des Gefüges entworfen werden. Sie lassen sich vor Ort gießen oder aus Fertigteilen herstellen. Solche Fertigteile bestehen entweder aus kleineren Platten oder aus raumgroßen Wandelementen, den Großtafeln. Die Großtafelbauweise ist die landläufig als Plattenbauweise bekannte industrialisierte Baumethode. Ihre Bauteilanschlüsse werden mit Hilfe von Stahlbauteilen und Beton so vergossen, dass trotz Vorfertigung eine durchgehende, monolithische Konstruktion entsteht.

Beton

Tafelbauweise

Obwohl Holzbauten gemeinhin als Skelettbauten errichtet werden, gibt es einige Konstruktionen, die eher dem Massivbau zuzurechnen sind. Zuerst ist die Blockbauweise zu nennen, bei der Holzprofile horizontal zu Wänden gestapelt werden. Solche Wände erhalten ihre Stabilität aus dem Überblatten der Profile an den Raum- oder Gebäudeecken. Durch große Fortschritte der holzverarbeitenden Industrie sind seit einigen Jahren Plattenwerkstoffe auf dem Markt, die Konstruktionen in Tafelbauweise möglich machen. Dabei handelt es sich einerseits um Platten, die aus Brettern, ähnlich wie Brettschichtholz, verleimt sind, und andererseits

Holz

Blockbauweise

Abb. 67: Skelettbauweise

um Sperrholzplatten, die aus kreuzweise verleimten Brettschichten hergestellt werden. Diese Plattenwerkstoffe lassen völlig andere Kontruktionsmethoden zu, die mit den traditionellen Holzbauweisen kaum vergleichbar sind. Die Entwicklung dieser Methoden ist zurzeit noch nicht abgeschlossen.

SKELETTBAUWEISE

Skelettbauten bestehen aus einem Gefüge von stabförmigen Elementen, die eine gerüstartige Struktur bilden. Diese Struktur wird mit Flächen für Decken und Wände belegt. Das heißt, prinzipiell sind bei Skelettbauten das Tragwerk und die raumbildenden Flächen zwei voneinander getrennte Systeme. > Abb. 68

Skelettbauten bestehen grundsätzlich aus drei Arten von Bauteilen: den Stützen, den Deckenträgern (einschließlich der Deckenkonstruktion) und den Aussteifungskonstruktionen, die die horizontalen Kräfte aufnehmen. Diese Bauteile werden in Knotenpunkten dem jeweiligen Material entsprechend zusammengefügt, wobei die Anschlüsse fast immer gelenkig sind. Gelenkig ist ein Anschluss dann, wenn er nicht steif genug ist, um als Einspannung zu wirken. Er muss nicht etwa als Scharnier oder Ähnliches konstruiert sein. Für Skelettbauten kann prinzipiell jedes Material verwendet werden, das druck- und gleichzeitig zugfest ist, wie Holz, Stahl oder Beton. Jedes bietet dabei ganz eigene Konstruktionsmethoden, deren Problematik sich aus dem Material und seinen Verbindungsmöglichkeiten ergibt.

Beton

Das wahrscheinlich am häufigsten zum Einsatz kommende Material für Skelettbauten ist der Stahlbeton, wobei auch hier Ortbeton- und Fertigteilbauweise möglich sind. Bei Ortbetonkonstruktionen wird meist eine massive Stahlbetondeckenplatte verwendet, neben der nur noch Aussteifungen und Stützen benötigt werden. In dieser Einfachheit liegt auch die Flexibilität und Wirtschaftlichkeit des Systems. > Abb. 69a Die Decken als punktgestützte Flachdecken lassen jedoch nur beschränkte Spannweiten

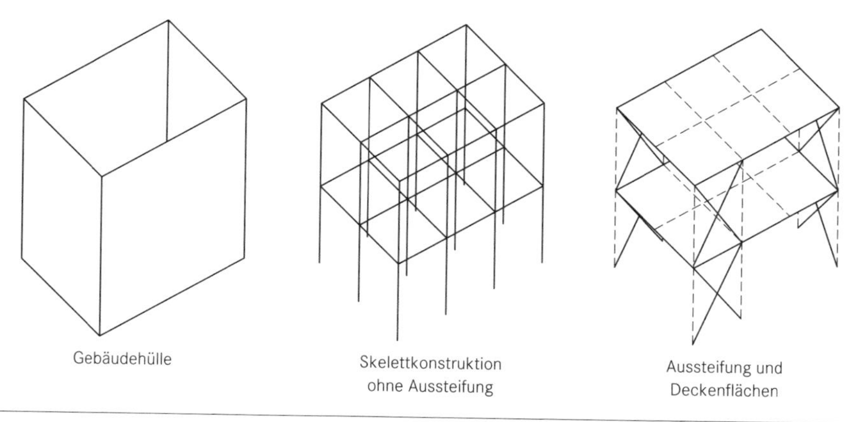

Abb. 68: Struktur Skelettbauweise

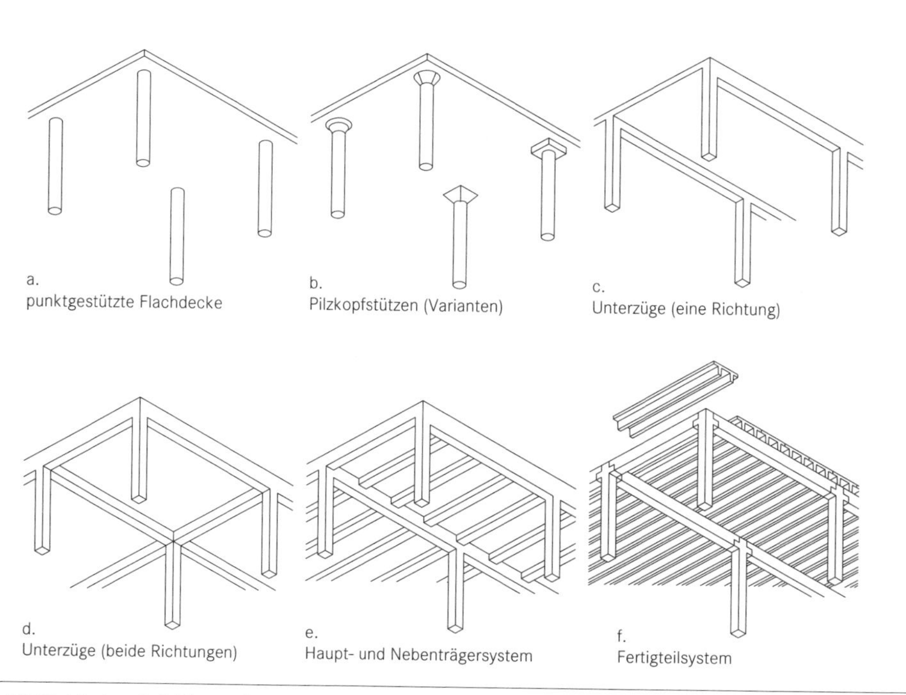

Abb. 69: Stahlbetonskelettbauweisen

zu. Alle Kräfte aus den Deckenplatten müssen ja in die Stützen eingeleitet werden, wodurch der Übergang der Stütze zur Decke sehr stark belastet wird. Es besteht die Gefahr des Durchstanzens der Stütze durch die Deckenplatte. Um dies zu vermeiden, kann der Rand auf verschiedene Art verstärkt werden. Eine Möglichkeit stellt dabei das Verwenden sogenannter Pilzkopfstützen dar. > Abb. 69b

Pilzkopfstützen

Unterzüge

Werden die Spannweiten für dieses System zu groß, so werden Unterzüge eingesetzt. Diese laufen als balkenartige Bauteile von Stütze zu Stütze; die Deckenplatten werden linienförmig darauf aufgelagert. Die Anordnung von Unterzügen kann sehr unterschiedlich sein. Sie werden je nach Spannweite in einer Richtung, in beide Richtungen oder als System aus Nebenträgern und Hauptträgern geplant. > Abb. 69 c, d, e

O

Skelettbauten können auch in Fertigteilbauweise errichtet werden. Es gibt unterschiedliche Elementsysteme, die Bauteile für Decken, Unterzüge, Stützen und Fundamente beinhalten. Für ihre Größe ist der Transport zur Baustelle ein wichtiger Faktor. Die Bauteile sollten möglichst die Ausmaße einer Lkw-Ladung nicht überschreiten, um wirtschaftlich zu sein. An der Baustelle werden die Teile meist nur aufeinander aufgelegt und in ihrer Lage gesichert. Das bedeutet, dass die Anschlüsse prinzipiell gelenkig sind.

Pi-Platten

Als Deckenfertigteile werden neben Flachdecken häufig Pi-Platten verwendet. Pi-Platten sind schmale Platten mit zwei Stegen, die zu einer Deckenplatte aneinandergefügt werden. Sie nutzen das Plattenbalkenprinzip und ermöglichen dadurch große Spannweiten. Diese Deckenplatten werden auf Betonbalken aufgelegt, die wiederum auf Konsolen der Stützen aufliegen. > Abb. 69 f und Kap. Bauteile, Platte

Stahl

Stahlbauten sind fast immer Skelettbauten. Sie werden meist aus genormten Stahlbauprofilen, den so genannten Walzprofilen, unterschiedlicher Profilreihen hergestellt. > Abb. 70 Die notwendige Größe lässt sich durch die statische Berechnung ermitteln. Walzprofile werden bis 60 cm Höhe produziert. Werden höhere Träger benötigt, müssen sie aus Blechen geschweißt werden, wobei man im Stahlbau Platten bis zu mehreren Zentimetern Dicke als Bleche bezeichnet.

Walzprofile

O **Hinweis:** Die Art der Deckenkonstruktion hat einen starken Einfluss auf die Geschosshöhe. Deshalb sollte sie schon beim Zeichnen der ersten Schnitte in die konstruktiven Überlegungen mit einbezogen werden. Je größer die Deckenspannweite, desto größer ist ihre Konstruktionshöhe.

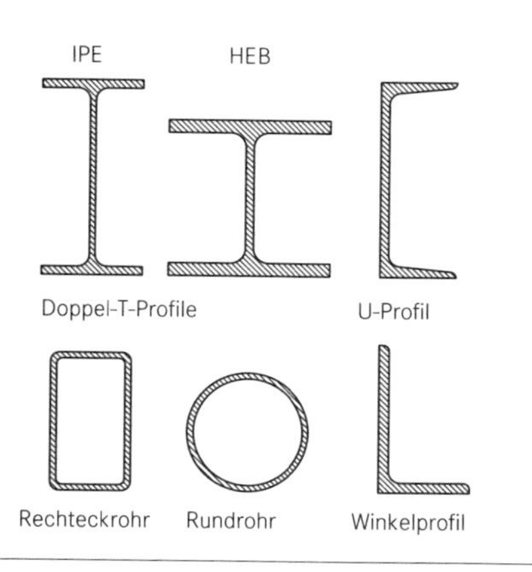

Abb. 70: Die wichtigsten Stahlprofile

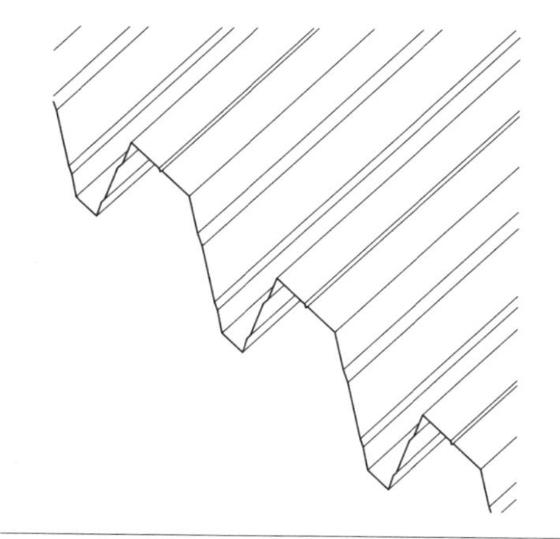

Abb. 71: Trapezblech

Trapezblech

Für flächige Bauteile wird meistens Trapezblech verwendet. Es trägt durch seine trapezförmige Faltung und ist in der Lage, je nach Profilhöhe recht weit zu spannen und als Decken- oder Dachkonstruktion zu dienen. ■ > Abb. 71

Stahlbauteile werden in der Regel in einer Stahlbauwerkstatt in transportablen Größen hergestellt und dann auf der Baustelle montiert. In der Werkstatt ist Schweißen die einfachste und beste Möglichkeit, Bauteilverbindungen herzustellen; auf der Baustelle ist Schweißen jedoch schwierig, weshalb für Montageanschlüsse Schrauben verwendet werden sollten.

Im Stahlbau ist es mit vertretbarem Aufwand möglich, biegesteife Ecken herzustellen. Dies ermöglicht es, Stützen und Balken zu Rahmentragwerken zusammenzufügen, um deren aussteifende Wirkung zu nutzen. > Kap. Bauteile, Rahmen Um die großen Kräfte in Rahmenecken zu bewältigen, müssen die Anschlüsse dafür wesentlich kräftiger ausgebildet

■ **Tipp:** In allen gängigen Bautabellenwerken sind Stahlbauprofiltabellen abgedruckt, in denen alle genauen Maße und die statischen Werte eingetragen sind. Beim Konstruieren sollten im Allgemeinen Profile aus diesen Reihen verwendet werden, denn sie sind für jeden Stahlbaubetrieb erhältlich und wirtschaftlich zu verarbeiten.

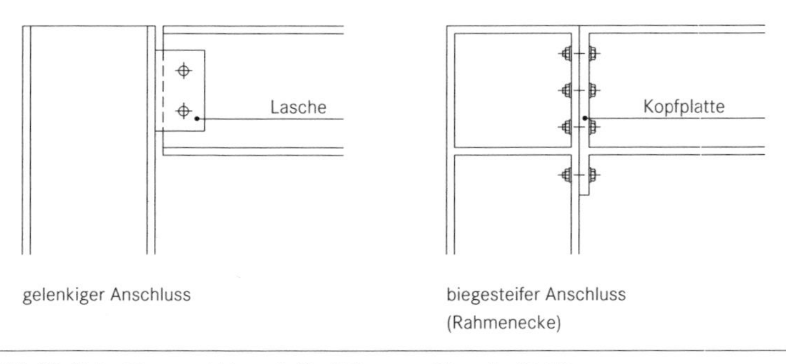

Abb. 72: Gelenkiger und biegesteifer Trägeranschluss im Stahlbau

werden. Bei Doppel-T-Profilen müssen beispielsweise beide Flansche eines Riegels mittels Kopfplatte mit dem Stiel verbunden werden, und der Abstand der verbindenden Schrauben zueinander sollte möglichst groß sein. Im Gegensatz dazu reicht bei einem gelenkigen Anschluss das Verschrauben des Stegs mittels einer einfachen Blechlasche aus. > Abb. 72

Brandschutz

Obwohl es auf den ersten Blick merkwürdig scheint: Stahlkonstruktionen sind bei Feuer stärker gefährdet als Konstruktionen aus Holz. Stahl wird bei starker Erwärmung weich und büßt dann sehr schnell seine ganze Tragfähigkeit ein. Er muss deswegen als Konstruktionsbaustoff bei Geschossbauten immer brandgeschützt werden, indem z. B. die Träger mit Gipsverkleidungen ummantelt oder mit einem aufschäumenden Anstrich versehen werden. Andererseits besteht die Möglichkeit, die Erwärmung des Stahls im Brandfall dadurch zu verlangsamen, dass er im Verbund mit Beton eingebaut wird. Bei diesen Verbundkonstruktionen werden beispielsweise Stahlrohrprofile mit Beton ausgegossen oder Doppel-T-Profile mit Beton verfüllt. Außer für die Verlangsamung der Erwärmung sorgt der Beton im Brandfall noch für eine gewisse Resttragfähigkeit. > Abb. 73

Verbundkonstruktionen

Holz

Holz ist das ursprünglichste Material für Skelettkonstruktionen. In den unterschiedlichen Kulturen gibt es zum Teil sehr alte, aber auch sehr ausgefeilte Techniken des Holzbaus. Die Materie ist komplex, weil es viele Konstruktionsmethoden und unendliche Varianten und Mischungen zwischen ihnen gibt. Die wichtigsten Kategorien seien hier erwähnt:

○

Fachwerkbau

Der traditionelle Fachwerkbau stellt eine Skelettkonstruktion in Reinform dar, die mit Lehm oder Ziegel ausgefacht wird. Sie ist als handwerkliche Konstruktionsmethode durch Verbindungen gekennzeichnet, die mit Hilfe geschickter Formgebung ohne Metallverbindungsmittel auskommt. Fachwerkgebäude werden in dieser Form nunmehr selten

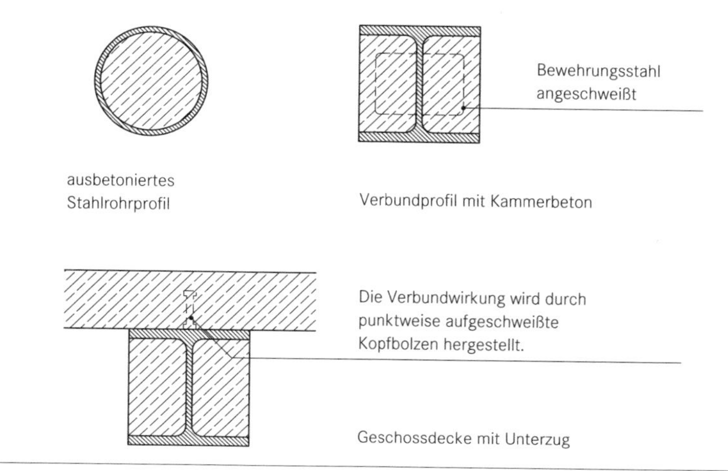

Abb. 73: Stahlverbundkonstruktionen

erstellt; als Objekte im Bereich der Denkmalpflege sind sie jedoch häufig anzutreffen.

Rippenkonstruktion

Die amerikanischen Holzbaukonstruktionen heißen „Balloon Frame" und „Platform Frame" und unterscheiden sich vom Fachwerkbau dadurch, dass sie aus dünnen bohlenartigen oder brettartigen Hölzern hergestellt werden, die von sich aus nicht tragfähig wären und knicken würden, wenn nicht die Holzschalung, die die Wandfläche bildet, diese Profile hielte. Sie wirken wie Rippen, die zusammen mit der Verschalung stabil sind, weswegen diese Bauweise auch Rippenbauweise genannt wird. Als Verbindungsmittel werden vor allem Nägel verwendet. Solche Konstruktionen sind sehr wirtschaftlich und flexibel.

Ingenieurmässige Holzskelettkonstruktionen

Moderne ingenieurmäßige Holzskelettkonstruktionen verfügen über ein aus statischer Sicht optimiertes Tragsystem, das je nach Nutzung ganz unterschiedlich konstruiert sein kann. Die Verbindungen werden häufig mit Hilfe von Stahlteilen hergestellt. Neben einfachen Vollholz-

○ **Hinweis:** Mehr Informationen zu diesem Thema finden sich in Basics Holzbau von Ludwig Steiger, ebenfalls in dieser Reihe beim Birkhäuser Verlag erschienen.

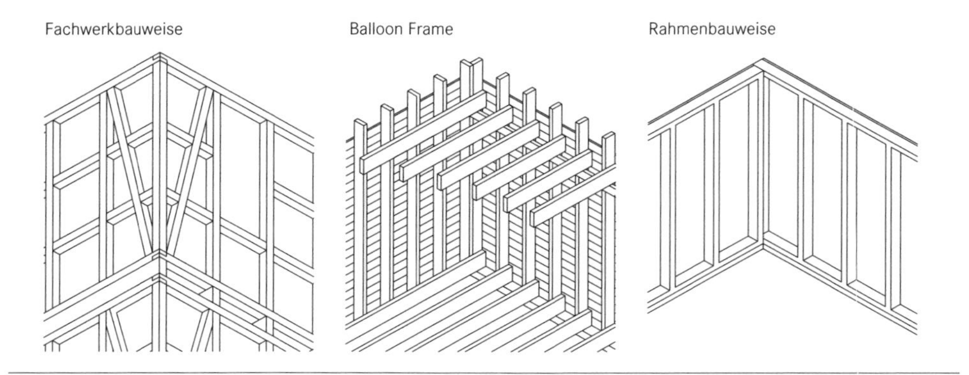

Abb. 74: Holzskelettbauweisen

profilen werden auch Materialien wie Brettschichtholz oder verschiedene Arten von Plattenwerkstoffen verwendet.

Holzrahmenbau

Inzwischen setzt sich im Holzskelettbau die Vorfertigung mehr und mehr durch. Als Elementgrößen werden dabei Wand- und Deckenelemente in Lkw-transportabler Abmessung angestrebt: Dafür scheint sich der Holzrahmenbau am besten zu eignen.

Es werden Fertigteile hergestellt, die aus Holzwerkstoffplatten bestehen, auf die wiederum tragende Profile rahmenartig aufgeschraubt werden. Diese Teile lassen sich darüber hinaus auch mit Dämmung, Verkleidungen, Fenstern oder Türen auf die Baustelle liefern und dort zusammenfügen. Ähnlich den amerikanischen Bauweisen wirken die Rahmenprofile mit der Sperrholzfläche gemeinsam als Traggerüst. > Abb. 74

AUSSTEIFUNGSKONSTRUKTIONEN

Beim Planen von Skelettbauten liegt das Augenmerk meist auf dem Abtragen des Eigengewichts und der lotrechten Nutzlasten, für die Decken und Stützen konstruiert werden. Die Horizontallasten müssen jedoch genauso Beachtung finden. Die wichtigste Horizontallast ist die Windlast, die das Gebäude aus jeder Richtung beanspruchen kann. Weil die Bauteilanschlüsse im Allgemeinen gelenkig ausgebildet werden, haben Skelettkonstruktionen den Horizontallasten nahezu nichts entgegenzusetzen. Sie benötigen deswegen eine wirksame Aussteifung, d. h. eine Konstruktion, die die Horizontallasten von den Fassaden in die Fundamente ableiten kann.

Aussteifungskonstruktionen wirken als Scheibe. Sie können Horizontalkräfte in ihrer Längsrichtung aufnehmen und nach unten hin abtragen.

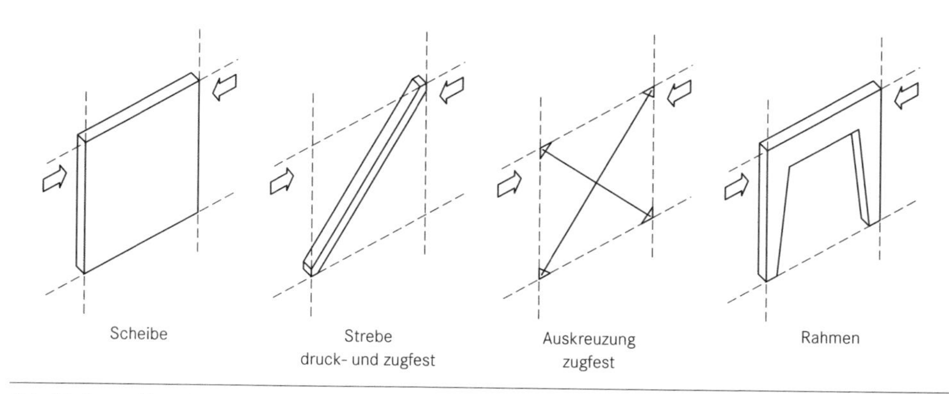

Abb. 75: Aussteifungskonstruktionen

Bei hohen Gebäuden wirken sie wie vertikale Träger, die die Windlasten aus allen Geschossen in die Fundamente abtragen können.

Scheibenwirkung

Eine Scheibe kann massiv, in der Regel aus Mauerwerk oder Beton, konstruiert sein. Scheibenwirkung wird aber auch durch eine diagonale Strebe in einem Gefach der Skelettkonstruktion erzielt. Diese Strebe wirkt bei Lasten aus einer Richtung auf Druck, bei Lasten aus der anderen auf Zug. Die gleiche Wirkung haben zwei zugfeste Diagonale als Auskreuzung. > Abb. 75 Im Kapitel „Rahmen" wurde außerdem auf die aussteifende Wirkung von Rahmensystemen hingewiesen.

Skelettbauten müssen in Längs- wie in Querrichtung ausgesteift werden. Eine Aussteifung in jede Richtung reicht dafür aber nicht aus, weil sich zwei Scheibenebenen, im Grundriss betrachtet, immer in einem Punkt schneiden. Dieser Schnittpunkt wäre dann der Punkt, um den herum sich das Tragwerk verdrehen könnte und einstürzen würde. Um das zu verhindern, ist eine dritte, beliebig positionierbare Aussteifungsebene notwendig, die sich nicht mit den anderen zweien im selben Punkt schneiden darf. > Abb. 76 a

Aussteifungskonstruktionen können auf unterschiedliche Weise im Grundriss angeordnet werden. Sie sollten jedoch in der Nähe der Mitte positioniert sein, weil der lange Teil eines Gebäudes sonst einen langen Hebelarm um diese Aussteifung herum erhält und große Kräfte entstehen können, die die Aussteifung unnötig belasten.

Deckenscheibe

Bei horizontaler Belastung einer Skelettkonstruktion müssen alle Kräfte aus einer Richtung in die dafür vorgesehene aussteifende Wandscheibe geleitet werden. Dazu ist eine steife Deckenscheibe, wie in Abbildung 76 vorausgesetzt, nötig. Eine Decke kann aber auch aus Decken-

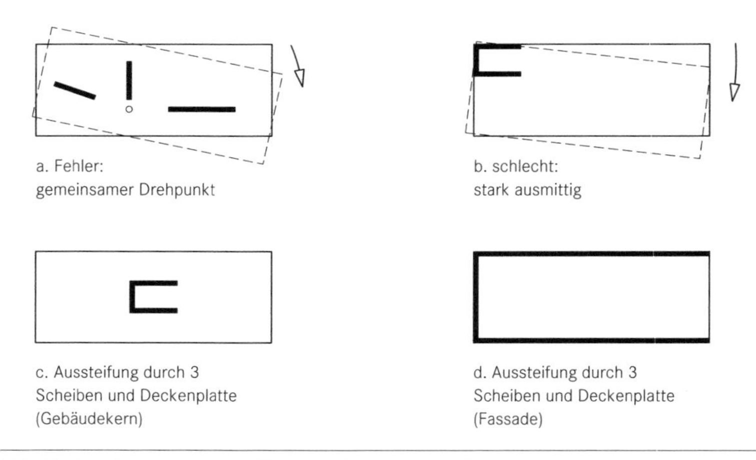

Abb. 76: Anordnung von aussteifenden Wänden bei Gebäuden mit Deckenscheiben

trägern bestehen, auf die ein Belag aufgebracht wird. Solch eine Decke stellt keine Scheibe dar, weil sich die Träger gegeneinander verschieben und nicht alle horizontalen Kräfte zu der dafür vorgesehenen Aussteifungskonstruktion abgeleitet werden können. Geschossdecken lassen sich jedoch mit Hilfe von Streben oder Auskreuzungen in einfacher Weise zu steifen Scheiben machen. > Abb. 77

Gebäudekern

Im Geschossbau werden häufig die Gebäudekerne mit Fluchttreppenhäusern und Aufzugsschächten als Aussteifungskonstruktionen genutzt. Sie bestehen aus überwiegend geschlossenen Wänden und gehen vom Dach bis zum Fundament durch. Auf diese Weise können sie als vertikale Träger wirken. Im Hochhausbau kann das Abtragen der Horizontallasten problematischer sein als das der Vertikallasten, weil die Windgeschwindigkeit in großer Höhe zunimmt und sich die Windlasten bei einem hohen Haus viel stärker auswirken. Obwohl auch bei den meisten Hochhäusern die Aussteifung mittels Gebäudekernen erfolgt, gibt es außerdem die Möglichkeit, die gesamte Fassade als vertikalen Fachwerkträger auszubilden und so mit der maximalen Trägerdimension, nämlich der gesamten Gebäudebreite, zu arbeiten.

Für den Architekten ist primär die Frage entscheidend, ob sein Entwurf ausreichend ausgesteift ist oder nicht oder, anders gefragt, ob er standfest ist oder nicht. Darüber hinaus wird in weichere oder steifere Tragwerke unterschieden. Dies ist davon abhängig, wie großzügig oder wie zentral die Aussteifungen angeordnet sind. Auch die unterschied-

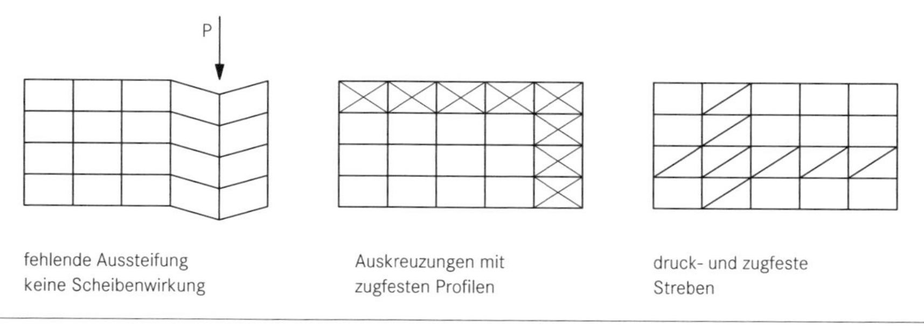

Abb. 77: Herstellen von steifen Deckenscheiben bei Skelettbauten

lichen Aussteifungsmethoden sind in ihrer Wirkung nicht gleichzusetzen: Hier kann man ebenfalls zwischen weicheren und steiferen Aussteifungen unterscheiden.

HALLEN

Der Begriff Hallen definiert letztlich nicht mehr, als dass es sich um große Räume handelt, denn sie können sowohl in Massiv- als auch in Skelettbauweise errichtet werden und jede erdenkliche Form besitzen. Was sie gemeinsam haben, ist die große Spannweite für ihr Dachtragwerk. Dabei ist die Dachgeometrie ebenfalls vielfältig gestaltbar: Sie kann sich nach der Entwässerung der Dachfläche, einer günstigen Form für die Dachträger oder nach der Art, wie Oberlichter in die Dachfläche integriert sind, richten. Oberlichter können längs aufgesetzt werden. Sie lassen sich aber auch in Richtung des Tragwerks und im Zusammenhang mit dem Tragwerk als sogenannte Sheddächer konstruieren. > Abb. 78

Sheddach

Hallen benötigen also ein Dachtragwerk, das in der Lage ist, eine große Spannweite zu bewältigen. Es ist dabei von Vorteil, die Dachfläche als leichte Konstruktion auszubilden, denn das Eigengewicht belastet das Tragwerk zusätzlich.

Für den Hallenbau bieten sich viele unterschiedliche statische Systeme an, von denen die gebräuchlichsten im Folgenden kurz erläutert werden:

Binder

Auf Stützen oder Wänden liegende, lange Träger werden auch Binder genannt. Weil sie gelenkig aufliegen, muss die Aussteifung einer solchen Konstruktion entweder durch die Ausbildung einer steifen Dachscheibe und die Fassaden oder über eine Einspannung der Stützen erfolgen. Binder sind aus Holz, Stahl oder Beton herstellbar. > Abb. 79

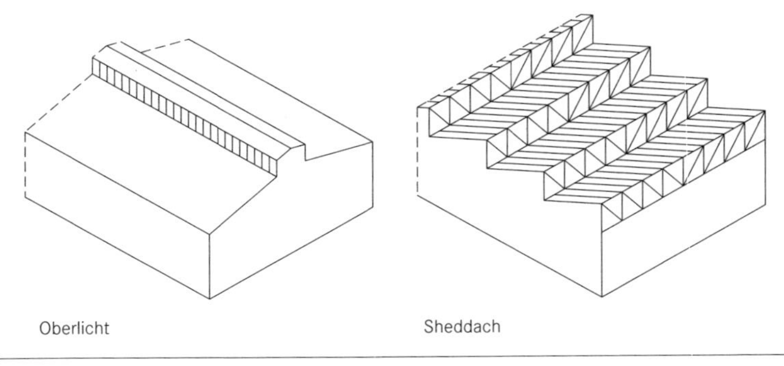

Abb. 78: Beispiele für Oberlichter bei Hallen

Bogen

Ein Bogentragwerk eignet sich für große Spannweiten und damit für Hallen, weil die Lasten vornehmlich als Normalkraft und nicht als Biegekräfte abgetragen werden. Es ist jedoch die Ableitung großer horizontaler Auflagerkräfte erforderlich. Entweder laufen die Bögen bis zum Boden, um den Bogenschub direkt in die Fundamente einzuleiten, oder sie sitzen auf Stützen oder Wänden, die dann durch Konstruktionen wie beispielsweise Strebepfeiler verstärkt werden müssen. Durch Zugbänder zwischen den Auflagern ist es möglich, die Horizontalkräfte beider Seiten zum Ausgleich zu bringen. Dadurch brauchen nur noch die Vertikalkräfte in die Wände eingeleitet zu werden. > Abb. 80 und Kap. Bauteile, Bogen

Rahmen

Rahmensysteme sind für den Bau von Hallen gut geeignet. Mit Rahmen lassen sich, im Unterschied zu Bogenkonstruktionen, alle denkbaren Dachgeometrien herstellen. Auch asymmetrische Formen können z. B. mit Zwei- und Dreigelenkrahmen sehr gut umgesetzt werden. Die Profildimensionen sollten jedoch stets dem Momentenverlauf angepasst sein, der für die jeweilige Geometrie und Belastung zu ermitteln ist. > Abb. 81 und Kap. Bauteile, Rahmen

Balkenrost

Die bisher genannten Systeme bestehen aus Trägern, die den Raum in einer Richtung überspannen. Sie sind gerichtete Systeme. Es ist jedoch auch möglich, Tragwerke zu entwerfen, die ihre Lasten nach allen Seiten abtragen.

Sinnvoll ist der mehrseitige Lastabtrag in erster Linie bei Räumen mit annähernd gleichen Spannweiten in beide Richtungen. Die Träger durchdringen sich dabei kreuzweise und bilden so einen Rost. Solche Trägerroste sind aus unterschiedlichen Materialien herstellbar. Bei einer Ortbetondecke können sich Unterzüge durchdringen und dabei in beide Richtungen einen monolithischen Verbund besitzen. Bei Stahl und Holz

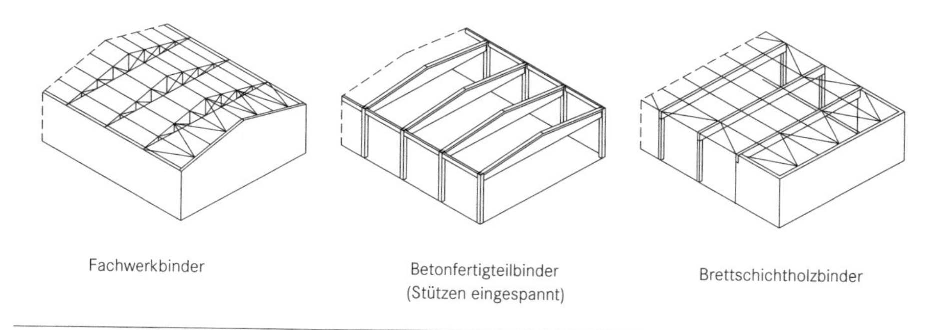

Abb. 79: Beispiele für Binderkonstruktionen

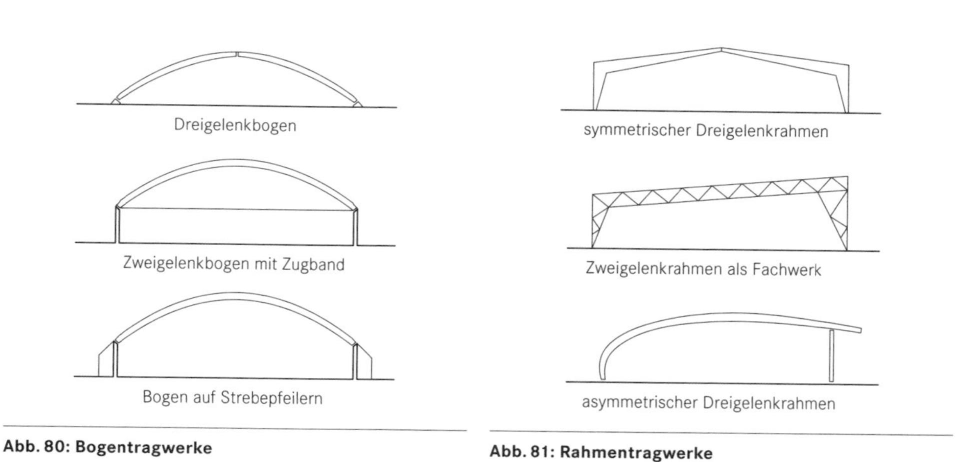

Abb. 80: Bogentragwerke

Abb. 81: Rahmentragwerke

ist das biegesteife Verbinden jedes Kreuzungspunktes in der Montage aufwendiger.

Räumliche Fachwerke

Auch Fachwerkträger können in ein räumliches Tragsystem erweitert werden: Man spricht dann von räumlichen Fachwerken, die durch die Gestaltung der Bauteile Stab und Knoten bestimmt sind. Räumliche Fachwerke werden fast immer aus vorgefertigten Stahlelementen hergestellt.
> Abb. 82

Aussteifung

Die Aussteifung von Hallen gehorcht den Gesetzen, die im vorangegangenen Kapitel erläutert wurden. Darüber hinaus gibt es jedoch weitere Punkte zu beachten: So reicht beispielsweise ab einer gewissen

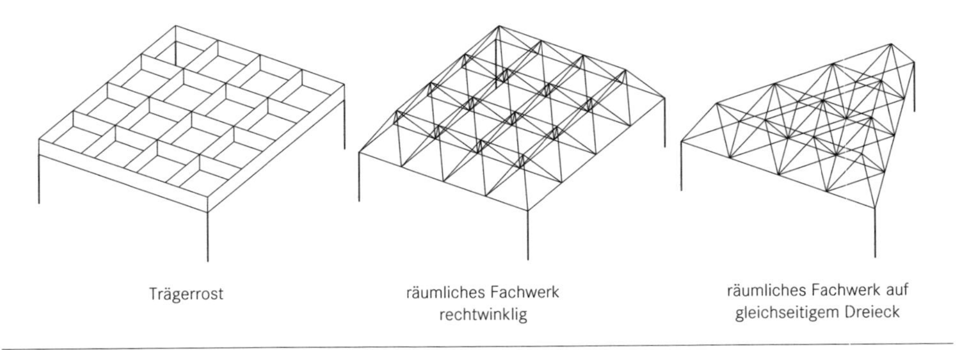

Abb. 82: Trägerrost und räumliche Fachwerke

Hallengröße eine Aussteifung für eine Tragwerksachse nicht mehr aus, weil die Lasten innerhalb des Tragwerks sehr weite Wege laufen, bis sie abgeleitet werden. Die Gesamtkonstruktion ist dann möglicherweise nicht steif genug.

Lange Biegeträger, die entsprechend ihrer Spannweite dimensioniert sind, sind in ihrer Querrichtung knickgefährdet. > Abb. 44, Seite 43 Eine Gefahr besteht im Versagen durch hohe Auflast oder durch Windlast gegen den Giebel. Um das zu verhindern, wird in der Dachebene meist ein Verband eingefügt, der die Giebelfelder aussteift und die Windlasten zur Traufe hin ableitet. Durch das Einfügen von quer zu den Trägern verlaufenden Profilen, den Pfetten, werden die weiteren Binder an die ausgesteiften Felder angehängt und dadurch ebenfalls am Knicken gehindert. > Abb. 83 und Kap. Tragwerke, Aussteifungskonstruktionen

Stahl eignet sich hervorragend zum Hallenbau. Stahltragwerke sind leicht und sehr tragfähig; in ihnen lassen sich alle denkbaren statischen Systeme wirtschaftlich umsetzen. Dass sich auch biegesteife Anschlüsse einfach herstellen lassen, ist dabei von großem Vorteil.

Holz ist ebenfalls ein sehr leistungsfähiges und günstiges Material für den Hallenbau. Es können Bogen-, Binder- oder Rahmentragwerke aus Brettschichtholz oder Fachwerkbinder aus Vollholzprofilen zum Einsatz kommen. Biegesteife Anschlüsse für Rahmentragwerke sind mit Brettschichtholzträgern herstellbar.

Betonhallen werden stets aus Fertigteilen errichtet. Sie unterscheiden sich im Tragsystem von anderen Hallen darin, dass meistens die Stützen in die Fundamente eingespannt sind, die Binder auf die Stützen dagegen nur gelenkig aufgelagert werden. Stahlbetonbinder werden überwiegend in verstellbaren Stahlschalungen hergestellt. Daher gibt es systembedingt wenig Flexibilität bei der Auswahl der Trägergeometrie.

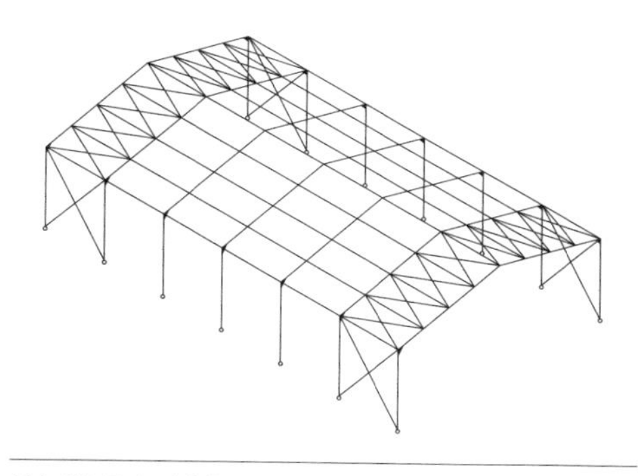

Abb. 83: Beispiel der Aussteifung einer Halle

FLÄCHENTRAGWERKE

Im Kapitel Bauteile wurden im Gegensatz zu den biegebeanspruchten Trägern auch Bögen und Seile erläutert, die ihre Lasten als Druck- oder Zugkräfte abtragen. Dieses Prinzip des Lastabtrags lässt sich auch dreidimensional mittels Flächentragwerken umsetzen. Bei ihrer Gestaltung gibt es eine Vielzahl von unterschiedlichen Konzepten und zahlreiche Varianten. Um einen Überblick zu ermöglichen, werden hier die wichtigsten Gruppen genannt:

Falttragwerke/ Schalen

Während Faltwerke aus ebenen Flächen bestehen und ihre Tragfähigkeit über die Scheibenwirkung dieser Flächen erzielen, sind Schalen gewölbte Tragwerke, deren Form höchst unterschiedlich sein kann. > Abb. 84

Balkenartige Flächentragwerke

Schalen oder Faltwerke können als lang gestrecktes Profil, wie Balken, von Auflager zu Auflager spannen und durch ihr Aneinanderfügen eine Dachfläche bilden. Es kommt bei der Bewältigung großer Spannweiten darauf an, eine große statische Höhe bei möglichst geringem Eigengewicht zu konstruieren. Balkenartige Flächentragwerke eignen sich dafür gut, weil gewölbte oder gefaltete Trägerprofile eben dieses ermöglichen. Dabei kann man ihre Tragwirkung am ehesten mit der von Trapezblechen vergleichen. > Abb. 71, Seite 65 Balkenartige Flächentragwerke müssen an ihren Rändern gehalten sein, damit sie nicht durch seitliches Ausweichen einknicken können. > Abb. 85

Druck-/zugbelastete Flächentragwerke

Wie bei Bogen- und Seiltragwerken werden Flächentragwerke nach ihrer Belastungsart unterschieden. Kuppeln, Schalen oder ähnliche Tragwerke sind in bestimmten Bereichen druck- und in anderen zugbelastet.

Kuppeln, Schalen

Ihr Lastabtrag ist umso einfacher, je durchgängiger ihr Rand aufgelagert ist.

Seilnetze und Membrankonstruktionen

Nur zugbelastet dagegen sind alle hängenden Konstruktionen wie Seilnetze und Membrankonstruktionen; aber auch Betonkonstruktionen können zugbelastet sein. Sie werden durch biegesteife Randbalken oder

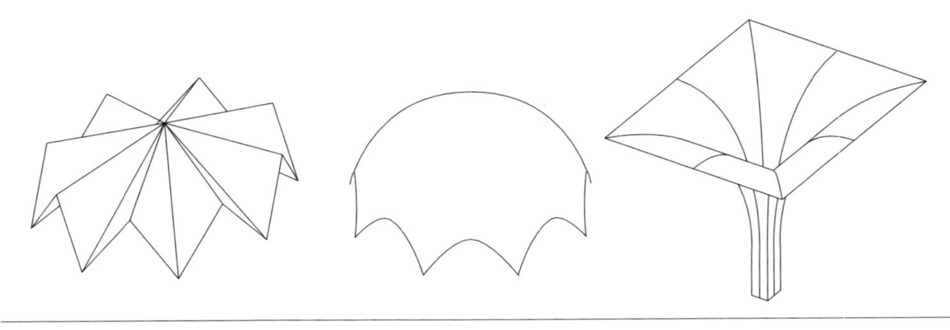

Abb. 84: Faltwerke und Schalen

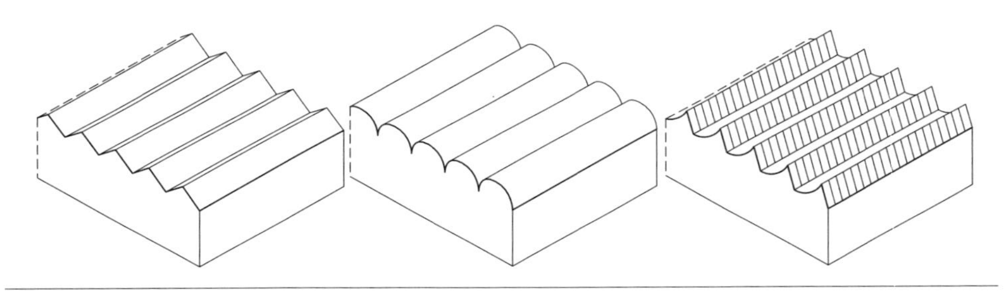

Abb. 85: Balkenartige Faltwerke und Schalen

Randseile gehalten. Solche Randseile tragen dann die großen Zugkräfte mit Hilfe von Abspannseilen in die zugfest verankerten Fundamente ab.

Einfach/doppelt gekrümmte Flächen

Einfach gekrümmte Flächen besitzen eine Wölbung in einer Richtung; in der anderen sind sie jedoch linear. Alle Wölbungen, die sich aus einer ebenen Fläche wie z. B. einem Blatt Papier formen lassen, sind einfach gekrümmt. Es handelt sich immer um Ausschnitte aus Zylindern oder Kegeln. Sie können balkenartig auf ihren Enden oder auf ihren Längsseiten aufgelagert sein. Anders als bei der balkenartigen Auflagerung trägt eine längs aufgelagerte, einfach gekrümmte Schale ihre Lasten je nach Form auch über die Bogentragwirkung ab.

Doppelt gekrümmte Flächen sind nicht aus ebenen Flächen formbar. Abbildung 86 zeigt dazu einige Beispiele. Eine doppelte Krümmung verleiht den Flächen räumliche Steifheit. Sie sichert zugbelastete Flächen, wie Seilnetze und Membranen, bei ausreichender Vorspannung vor Verformungen. Druckbelastete Ziegel- oder Betonschalen werden dadurch auch bei kleiner Materialdicke zu tragfähigen Flächen.

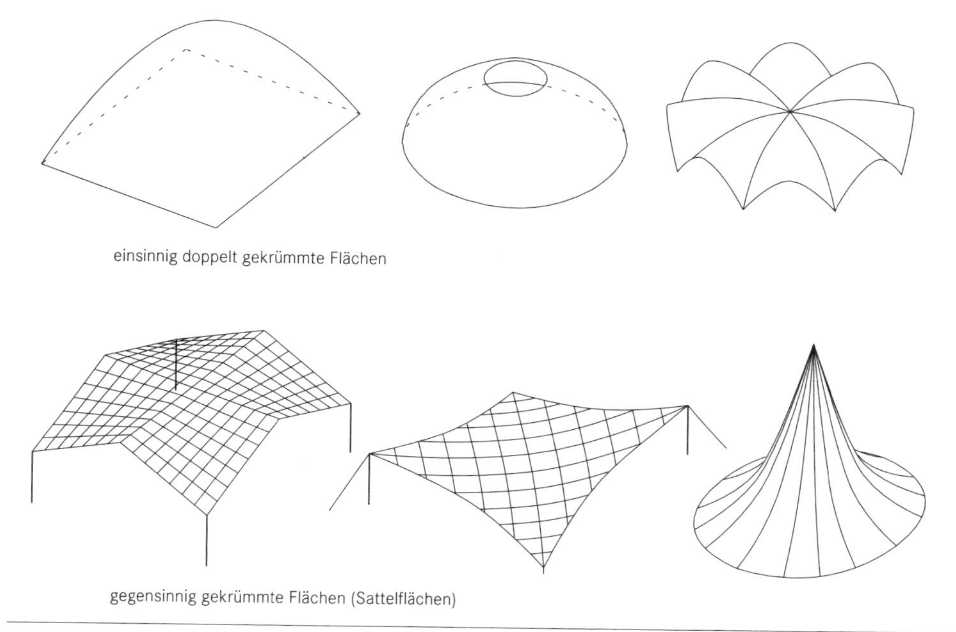

Abb. 86: Doppelt gekrümmte Flächen

Schalen oder Kuppeln sind einsinnig doppelt gekrümmte Flächentragwerke. Beide Krümmungen weisen in dieselbe Richtung. Gegensinnig gekrümmte Flächen werden auch Sattelflächen genannt und sind in erster Linie bei Seilnetzen oder Membrankonstruktionen zu finden.

Einsinnig oder gegensinnig gekrümmte Flächen

GRÜNDUNGEN

Nicht nur die Fundamente, sondern auch der Baugrund selbst ist Teil des Tragwerks und muss wie alle anderen Bauteile als solcher den aufzunehmenden Lasten gewachsen sein. Er reagiert auf Lasten wie jeder andere Baustoff mit Verformungen, die als Setzungen bezeichnet werden und im Bereich von mehreren Zentimetern liegen können. Setzungen sind also ein normaler Teil des Tragverhaltens und nicht etwa ein Schaden.

Baugrund

Verglichen mit anderen Baumaterialien ist der Baugrund meist viel weniger belastbar. Damit die aufnehmbaren Spannungen trotzdem nicht überschritten werden, müssen die anfallenden Gebäudelasten auf eine ausreichend große Fundamentfläche verteilt werden. Im Baugrund breiten sich die Lasten weiträumig aus, wodurch sich die Spannung unter dem Fundament mit zunehmender Tiefe schnell abbaut.

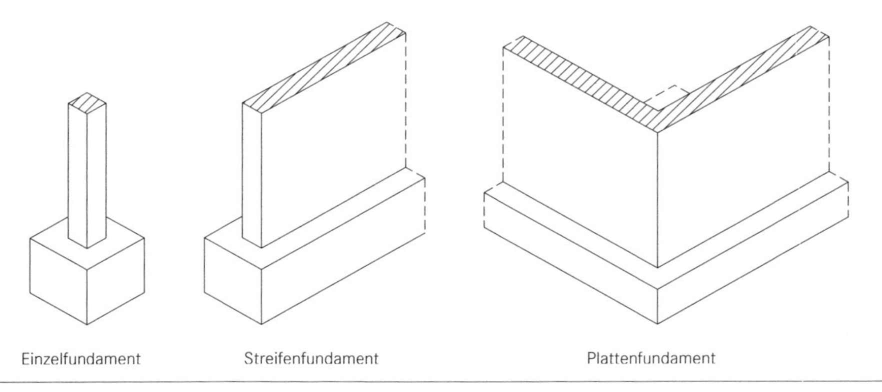

Abb. 87: Fundamentarten

Bodenart

Es gibt viele Arten von Böden, die unterschiedlich auf Lasten reagieren. Vor allem die Korngröße bzw. das Korngrößengemisch des Bodenmaterials bestimmt seine Eigenschaften. Wichtig ist auch, wie der Boden auf Schwankungen der Bodenfeuchte reagiert. Vor Beginn eines Bauvorhabens sind deshalb möglichst genaue Informationen zu Bodenmaterial und Bodenfeuchte bzw. zum Grundwasserspiegel einzuholen. Die Erstellung eines Bodengutachtens ist inzwischen auch bei kleineren Bauvorhaben üblich.

Fundamentarten

Über Fundamente werden die Lasten an den Baugrund abgegeben. Die Bodenspannungen sind dabei abhängig von der Fläche, auf die die Lasten verteilt werden, also von der Fundamentgröße. Man unterscheidet folgende Arten von Fundamenten:

- Punktfundamente dienen meist dazu, die Lasten einzelner Stützen aufzunehmen.
- Streifenfundamente tragen beispielsweise die Lasten von Wänden in den Boden ab.
- Plattenfundamente bestehen aus einer durchgehenden Stahlbetonsohle, die die Lasten darauf stehender Wände und Stützen auf die gesamte Gebäudefläche verteilt. > Abb. 87

Fundamente können auch als Fertigteile auf die Baustelle geliefert werden. Dies ist allerdings in erster Linie bei Einzelfundamenten wirtschaftlich. Die Abbildung 88 zeigt ein solches Köcherfundament, in das eine Stütze wie in einen Köcher hineingestellt wurde. Nachdem diese

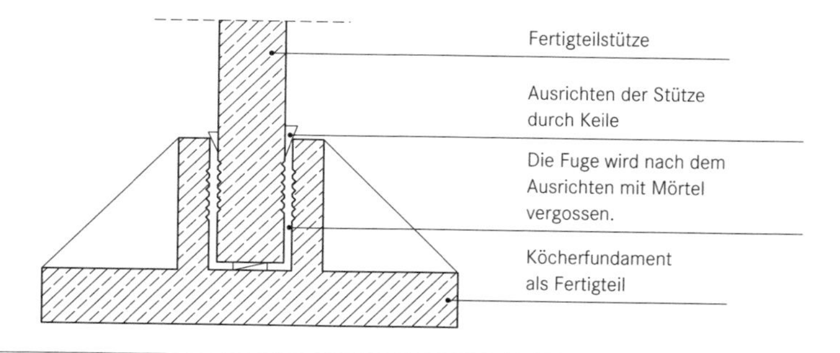

Abb. 88: Köcherfundament als Fertigteil

Fertigteilstütze exakt ausgerichtet ist, wird die Fuge zwischen Fundament und Stütze mit Mörtel vergossen. So wird der feste Verbund der beiden Fertigteile erreicht.

Tiefgründung

Sollte in den oberen Bodenschichten kein tragfähiger Baugrund zu finden sein, besteht die Möglichkeit, die Lasten mit Hilfe einer Tiefgründung abzutragen. Dazu werden Löcher bis hinunter zur tragfähigen Schicht gebohrt und dann ausbetoniert. Diese Bohrpfähle wirken dann wie lange Stützen, auf denen das Gebäude im Erdreich steht. Die Lasten werden dabei hauptsächlich über die Spitze des Bohrpfahls abgegeben. Aber auch über die rau betonierte Mantelfläche des Pfahls lässt sich fester Halt im Baugrund erreichen. > Abb. 89

Frostfreie Gründung

Wenn der Boden gefriert, dehnt er sich aufgrund der Volumenzunahme des sich darin befindlichen Wassers aus. Das führt zu spürbaren, ungleichmäßigen Bodenverformungen. Deswegen ist Frost unter den Fundamenten zu vermeiden.

Der Boden friert im Winter von der Oberfläche nur bis zu einer gewissen Tiefe durch. Daher ist es sinnvoll, ein durchlaufendes Streifenfundament um den Rand eines Gebäudes bis in den frostfreien Bereich unter Gelände zu legen. Die erfor derliche Tiefe ist vom Klima abhängig und kann von 80 Zentimeter bis über einen Meter betragen. > Abb. 90

Gründungsschäden

Gründungsschäden zeigen sich meistens durch Risse am fertigen Gebäude. Sie lassen sich immer auf Ungleichmäßigkeiten zurückführen, die zum einen beim Gebäude, zum anderen im Baugrund zu suchen sein können.

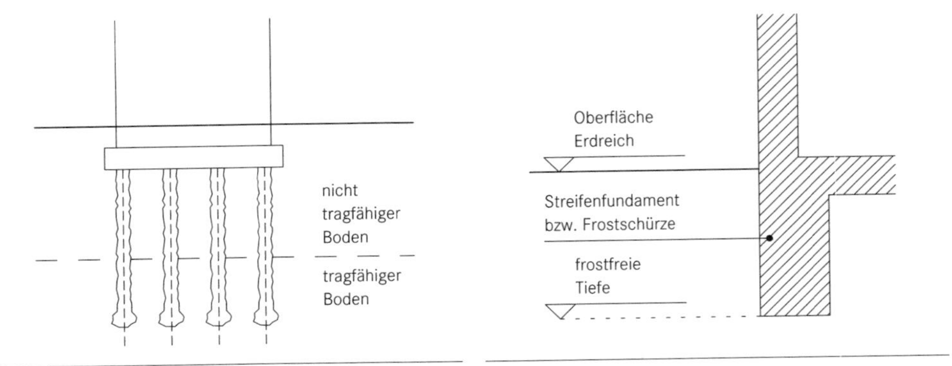

Abb. 89: Tiefgründung durch Bohrpfähle

Abb. 90: Frostfreie Gründung

Wechselnde Bodenqualitäten führen unweigerlich zu Problemen, weil im Allgemeinen jede Bodenart andere Setzungen mit sich bringt. Auf Seiten des Bauwerks kann beispielsweise das gemeinsame Gründen von Gebäudeteilen mit stark unterschiedlichen Lasten oder das Gründen in unterschiedlicher Tiefe Probleme bereiten, weil daraus jeweils unterschiedliche Spannungen im Baugrund resultieren.

Wenn man dies bereits während der Planung erkennt, so können geeignete Maßnahmen getroffen werden, die entweder dahin zielen, die Lasten gleichmäßig in den Boden abzutragen, oder die ohne Schaden unterschiedliche Setzungen ermöglichen, z. B. durch Gebäudefugen.

Schlusswort

Basics Tragsysteme soll dabei helfen, einen Einstieg in das komplexe Gebiet der Tragwerkslehre zu finden. Die hier gesammelten Kenntnisse sollen Studenten dazu befähigen, konstruktive Zusammenhänge zu verstehen, die Belange des Tragens und Lastens beim Entwerfen zu berücksichtigen und dadurch ihre Entwürfe realistisch und gesamtheitlich zu planen. Das Gestalten des Tragwerks dient letztlich der Präzisierung der räumlichen Idee und kann diese auch hervorbringen, indem kreativ mit den tragkonstruktiven Möglichkeiten gearbeitet wird. So lässt sich die Qualität eines Tragwerksentwurfs in erster Linie daran messen, ob er den Entwurfsgedanken unterstützt oder sogar prägt. Dies geschieht vor allem bei Planungsaufgaben, deren Funktion und Struktur das Tragsystem zum bestimmenden Element machen – beispielsweise durch große Spannweiten. Solche Aufgaben sind meist nur dann integral lösbar, wenn man sich mit der ganzen Komplexität der Tragwerksplanung beschäftigt.

Die in diesem Band vermittelten Grundlagen lassen sich daher im eigenen architektonischen Entwicklungsprozess fortführen, indem kreativ oder sogar spielerisch mit Tragwerken gearbeitet wird und indem die tragkonstruktiven Gesetzmäßigkeiten für die individuelle Aufgabe interpretiert werden.

Beim Entwerfen helfen bereits einige einfache Prinzipien:

1. Tragende Bauteile sollten durch alle Geschosse in einer Linie bis zur Gründung durchgehen.
2. Die Spannweiten sollten soweit wie möglich begrenzt werden. Große Spannweiten sind aufwendig zu konstruieren und teuer. Es sollte sie nur dort geben, wo große Räume sie ausdrücklich verlangen.
3. Große Spannweiten können problemlos bewältigt werden, wenn genügend Konstruktionshöhe vorgesehen ist. Auch wenn über die Art der Konstruktion noch nichts bekannt ist, sollte ihr einfach eine ausreichende statische Höhe bereitgestellt werden.

Wer sich über die in diesem Buch vorgestellten Zusammenhänge hinaus mit Tragwerken beschäftigen möchte, kann über das Erlernen von Berechnungsmethoden zum einen ein besseres Verständnis für die Arbeitsweise des Tragwerksplaners erlangen; zum anderen lassen sich dann sogar eigene Berechnungen vornehmen, um Größenordnungen beim Entwerfen genauer zu bestimmen und dadurch noch präziser mit dem Tragwerk und seinen Dimensionen umzugehen.

Anhang

FORMELN ZUR VORDIMENSIONIERUNG

Die nachfolgenden Formeln können überschlägige Ergebnisse für die Dimensionierung von Bauteilen im Vorentwurf liefern. Es handelt sich dabei keinesfalls um einen ausreichenden Nachweis der Tragfähigkeit.

l oder l_i bezeichnet die Trägerlänge bzw. die Spannweite.

Decken

Betondecken als Flachdecken bei Geschossbauten:

- wirtschaftlich bei Spannweiten bis zu 6,5 m
- Die Formeln beziehen sich auf Einfeldträger. Bei durchlaufenden Decken kann die Spannweite gemäß DIN 1045-1 mittels Faktoren reduziert werden.
- Dicke h infolge des notwendigen Schallschutzes mindestens 16 cm
- als punktgestützte Flachdecke oder auf Wände aufgelagert
- bei einer Spannweite kleiner als 4,30 m

$$h(m) \approx \frac{l_i(m)}{35} + 0{,}03\ m$$

bei einer Spannweite größer als 4,30 m und bei Beschränkung der Durchbiegung wegen leichter Trennwände auf der Decke

$$h(m) \approx \frac{l_i^2(m)}{150} + 0{,}03\ m$$

Holzbalkendecke:

- Balkenabstand 70–90 cm
- Breite der Balken $b \approx 0{,}6 \cdot d \geq 10$ cm

Höhe der Balken $h \approx \frac{l_i}{17}$

IPE-Träger:

- Belastung um die starke Achse
- h Profilhöhe in cm, q Streckenlast in KN/m, l Spannweite in m

$$h \approx \sqrt[3]{50 \cdot q \cdot l^2} - 2$$

HEB-Träger:

- Belastung um die starke Achse
- h Profilhöhe in cm, q Streckenlast in KN/m, l Spannweite in m

$$h \approx \sqrt[3]{17{,}5 \cdot q \cdot l^2} - 2$$

Weitgespannte Dachtragwerke

- Brettschichtholzträger (parallel):
- Spannweite 10–35 m
- Binderabstand 5–7,5 m

Höhe $h = \frac{l}{17}$

Parallelgurtiger Fachwerkträger aus Holz:

- Spannweite 7,5–60 m
- Binderabstand 4–10 m

Gesamthöhe $h \geq \frac{l}{12}$ bis $\frac{l}{15}$

Vollwandträger aus Stahl:

- Spannweite bis zu 20 m
- IPE-Träger bis 600 mm Höhe

Trägerhöhe $h \approx \frac{l}{30} \cdots \frac{l}{20}$

Fachwerkträger aus Stahl:

- Spannweite bis zu 75 m

Trägerhöhe $h \approx \frac{l}{15} \cdots \frac{l}{10}$

LITERATUR

Entwurf und Konstruktion

Kurt Ackermann: *Grundlagen für das Entwerfen und Konstruieren,* Karl Krämer Verlag, Stuttgart 1983

Andrea Deplazes (Hrsg.): *Architektur konstruieren,* 5. Auflage Birkhäuser Verlag, Basel 2018

Bjørn Normann Sandaker, *Die konstruktiven Prinzipien der Architektur,* Birkhäuser, Basel 1994

Curt Siegel: *Strukturformen der modernen Architektur*, Verlag Georg D. W. Callwey, München 1970

Tragwerkslehre

Werner Herget: *Tragwerkslehre, Skelettbau und Wandbau,* Teubner Verlag, Stuttgart 2000

Franz Krauss, Wilfried Führer, Hans J. Neukäter: *Grundlagen der Tragwerkslehre 1,* 9. Auflage, Rudolf Müller Verlag, Köln 2002

Franz Krauss, Wilfried Führer, Claus-Christian Willems: *Grundlagen der Tragwerkslehre 2,* 12., überarb. Auflage, Rudolf Müller Verlag, Köln 2014

Wolfgang Krings, Artur Wanner: *Kleine Baustatik,* 14., überarb. und aktual. Auflage, Vieweg + Teubner, Wiesbaden 2009

Gottfried W. Leicher: *Tragwerkslehre in Beispielen und Zeichnungen,* 4., überarb. und aktual. Auflage, Bundesanzeiger-Verlag, Köln 2014

Tragsysteme

Oskar Büttner, Erhard Hampe: *Bauwerk, Tragwerk, Tragstruktur, Band 1,* Hatje Verlag, Stuttgart 1976

Oskar Büttner, Erhard Hampe: *Bauwerk, Tragwerk, Tragstruktur, Band 2,* Ernst & Sohn Verlag, Berlin 1985

Heino Engel: *Tragsysteme*, 4. Auflage, Hatje Cantz, Ostfildern 2009

Jürgen Joedicke: *Schalenbau, Konstruktion und Gestaltung,* Karl Krämer Verlag, Stuttgart 1962

Jürgen Stöffler, Susanne Samberg: *Tragwerksentwurf für Bauingenieure und Architekten,* 2., überarb. Auflage, Bauwerk Verlag, Berlin 2012

Tabellenwerke und Formelsammlungen

Klaus Holschemacher (Hrsg.): *Entwurfs- und Berechnungstafeln für Bauingenieure,* 7., aktual. Auflage, Bauwerk Verlag, Berlin 2015

Rudolf Rybicki: *Faustformeln und Faustwerte für Tragwerke im Hochbau Teil 1 Geschossbauten,* 5., aktual. Auflage, Werner Verlag, Neuwied 2011

Klaus-Jürgen Schneider: *Bautabellen für Architekten,* 22., überarb. Auflage, Bundesanzeiger-Verlag, Köln 2016

Reinhard Wendehorst, Otto W. Wetzell: *Bautechnische Zahlentafeln,* 32. Auflage, Teubner Verlag, Stuttgart 2006

BILDNACHWEIS

Abbildung Seite 8: Kolonnaden vor der alten Nationalgalerie, Friedrich August Stüler
Abbildung Seite 34: AEG-Turbinenhalle, Peter Behrens
Abbildung Seite 58: Hauptbahnhof Berlin, von Gerkan, Marg und Partner
Abbildung 7 links, rechts; Institut für Tragwerksplanung,
Abbildung 41 links, Mitte; Abbildung 55 links, rechts: Prof. Berthold Burkhardt, Technische Universität Braunschweig

Alle übrigen Abbildungen stammen vom Autor.

Reihenherausgeber: Bert Bielefeld
Konzept: Bert Bielefeld, Annette Gref
Lektorat und Projektkoordination: Annette Gref
Layout und Covergestaltung: Andreas Hidber
Satz und Produktion: Amelie Solbrig

Papier: MultiOffset, 120 g/m²
Druck: Beltz Grafische Betriebe GmbH

Library of Congress Control Number:
2019937152

Bibliografische Information der Deutschen Nationalbibliothek
Die Deutsche Nationalbibliothek verzeichnet diese Publikation in der Deutschen Nationalbibliografie; detaillierte bibliografische Daten sind im Internet über http://dnb.dnb.de abrufbar.

ISBN 978-3-0356-2004-7
e-ISBN (PDF) 978-3-0356-1255-4
e-ISBN (EPUB) 978-3-0356-1173-1
Englisch Print-ISBN 978-3-7643-8107-3

Postfach 44, 4009 Basel, Schweiz
Ein Unternehmen der Walter de Gruyter GmbH, Berlin/Boston

9 8 7 6 5 4 3 2 1

www.birkhauser.com